المصير
مذكرات مواطن عراقي

رياض القاضي

دار الحكمة
لندن

- المصير .. مذكرات مواطن عراقي
- **المؤلف:** رياض القاضي
- **الطبعة:** الأولى ٢٠١٤
- **الناشر:** دار الحكمة ـ لندن
- **التصميم:** شركة MBG INT ـ لندن

ISBN: 978 1 78481 004 7

© حقوق الطبع محفوظة

DAR ALHIKMA
Publishing and Distribution

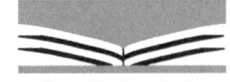

Chalton Street, London NW1 1HJ Tel: 44 (0) 20 7383 4037 Fax: 44 (0) 20 7383 0116 88
E-Mail: hikma_uk@yahoo.co.uk Website: www.hikma.co.uk

الفهرست

المُقدّمَة ٧

البداية ١١

نبذة عن عائلتي ١٢

اليوم الأول في البصرة ١٦

البصرة ٢٢

عباس البارودي متعهد حفلات الفنان كاظم الساهر في البصرة ٢٤

إعدام ميت ٢٧

تبييض السجون في صيف ١٩٩٥ .... ٣٠

هجوم على مقر القيادة الحزبية في منطقة البصرة القديمة .. ٣٢

وفاة والدتي وخطوة الالف ميل ٣٥

يوم الوداع ٣٧

اليوم الاول في مديرية أمن التأميم (كركوك) ٣٨

التخطيط للهروب ٤٠

المسير المُخيف ٤٨

٣

اليوم الاول في كردستان ـ ربيع 1999 ـ نيسان 55
- التحقيق 59
- اعتقالي في سد مديرية أمن دربندخان 63
- أيامي في مديرية امن السليمانية 72
- ما بعد السجن 81

في استضافة المخابرات الايرانية 84
- المحاولة الثانية الى ايران 92
- الرجوع الى كردستان العراق 96
- عبور جبل خورمال العالي 103
- الطريق الى طهران (هشكرد) 111
- اليوم الاول في حقول الكرز 117
- لشكر أباد الايرانية 123
- التحرك الى برديس 129

زيارة كردستان العراق 2000 132
- الحب وأشياء أخرى 135
- السفر الى السليمانية 138

التشيُّع	١٤٢
الهروب الى تركيا	١٤٥
الى تركيا	١٤٩
أسطنبول مدينة الاحلام	١٦٠
الطريق الى اليونان	١٦٣
الغرق المُحتم وملائكة الرحمة	١٦٦
٤٠ يوما في الكمب اليوناني	١٧٢
تركيا ترحب بنا	١٧٤
تركيا ـ ايران ـ الحدود الروسية بانتظارنا	١٧٧
الى إيران	١٩٤
شكرا يا ضوء القمر	١٩٨
الى احضان اسطنبول	٢٠٤
الهروب من سجن اسطنبول	٢٠٩
الطريق الى اليونان ٢٠٠٣	٢١٦
٩/٤/٢٠٠٣ سقوط بغداد	٢٢٤
ايطاليا ـ المانيا ـ باريس ٢٠٠٥	٢٢٧
لندن	٢٣٤

المُقدّمَة

العراق ليس البلد الوحيد في العالم الذي يتميز باختلاف تكوينيه العجيبة قياسا بالمذاهب المتعددة في الهند وغيرها من الدول، لو أردنا ان نقارن مقارنة عقلانية.. بل وحتى البلدان المتخلفة اتفقوا فيما بينها.. إلا ان هذا الوطن المنكوب الذي سيطرت عليه قوى مختلفة مازال ضحية ألاعيب الدول المجاورة.. والتي تحاول وضع العراق داخل الدائرة الطائفية وتغليفها بقشرة التفرقة.. ولكنها فشلت في ترسيخ العداء القاتل بين مكونات الشعب العراقي الحر. بل وما زالت الاحزاب العراقية التي دخلت بعد سقوط بغداد تسعى الى بذر جبهة للانتقام الطائفي بين صفوف أبناء الوطن الواحد بدلا من حقن الدماء وأعمار ما خربته الحروب وسياسات صدام حسين المجنونة. وعملت الأحزاب على التنكيل بين صفوف

منافسيها وذلك بزرع كبسولة القتل للشعب ومن ثم اتهام الجهات الأخرى بتنفيذ مخططات تهدف الى زعزعة الاستقرار الامني مما اضطر الشعب الى تمني بالرجوع الى عهد الطاغية العراقي السابق.

صدام حسين استلم العراق وهو بأْوج حضارته.. ولما كاد البلد على وشك ان يخرج من عالم البلدان النامية قبل استلام الرئيس الجديد السلطة... غلب غروره وكرهه لإيران السوء في ألإسراع من بتدمير العراق وحالَ دون نقل البلد الى مرتبة الدول المتقدمة وهذا ما لا يتقبله الاغلبية من فئات طبقية معينه في العراق امتعضوا من تهمشهم مما وصل اليه العراق من ظروف مستميت.. بل وأصروا على انه بطل قومي ولكنه كان في الواقع بطل ورقي صنعته امريكا ضد ايران ومن ثم مزقته ومزقت معه وطناً كاملاً.

الصراعات على خيرات وتراب العراق كانت حتى قبل بعثة الرسول «عليه الصلاة والسلام» واستهداف حضارته احتل تفكير المحتلين الذين قصدوا زرع بذرة الفتنة الطائفية.. ولكن رغم تلك الظروف فالعراق مازال ينبض بالامل.. وها نحن وصلنا الى قمة الدمار وهتك الاعراف في ظل دولة طالما حلمت بسقوط بغداد.. فهي صفوية حاقدة على حضارة وادي الرافدين وبمساعدة فيالقها التي ترعرعت تحت رايات

الفُرس المجوس.

حيث بدأت ايران من قبل بعثة الرسول بالتدخل في الشأن العراقي ولا يخفي علينا عهدا الرشيد والمعتصم كيف أراد البرامكة نشر الفتن وتنفيذ مشاريع الاغتيالات لهدم الدولة العراقية آنذاك بل وحتى الأولياء الصالحين لم يسلموا من فتنهم وتحريفهم بكل وقاحة للكتب الاسلامية وسُنة الرسول بعد وفاة عمر بن الخطاب وأبو بكر الصديق، رضوان الله تعالى عليهما، وخلق البدع وتكفير اهل السُنة واستعمال التقية المُخزية دليل على جُبن من يحاولون هدم حضارة اسلامية عمرها مئات السنين، شهد لها القياصرة والملوك. بل وقد وضع الله علامة كبرى لهم وهي قبرا ابو بكر وعمر جنب قبر الحبيب المصطفى لتكون اكبر دليل على نفاقهم المزعوم بان الصحابة قد خانوا الرسول بعد موته وتآمروا على سيد البلغاء علي بن ابي طالب، كرم الله وجهه الشريف، في موقعة عرفت باسم السقيفة المشهورة في كتب الفرس.

وصل العراق الى اسوأ نقطة في تاريخه الدامي والطويل بعد ان نفذت امريكا مآربها في العراق وتركها لإيران كي تهدد دول الجوار بها.. وجعل الخليج لعبة في ايديهم لتسويق اسلحتها لهم، كلما نفخت ايران صدرها واطلقت زئيرها خافت العرب واستنجدوا بشيطانهم الاكبر لضخ اغلى

الاسلحة لهم والضحك على عقولهم وتأمين بقاء الاسرة الحاكمه في السلطة.

ثم جاءت أدوار الثورات المُصدّرة والتي عرفت بالربيع العربي، التي من المفروض انهاء خريف الديكتاتورية.. ولكن ما فاتنا هي انها رخصة امريكية من لقيام هكذا ثورات والاستغناء عن عملائهم من الرؤساء.

لا تستغرب فكلها تسويق امريكي للشرق، فما دام العرب يريدون ثورة فلنعطها لهم لأن كل من سيأتي سيكون عميلا مخلصا، فهذه منطقتهم وإذا ما زالت الأخطار والتهديدات من المنطقه فستكون امريكا وأعوانها في مأزق كبير. هذا الكتاب الذي اقدمه لكل شخص هو بعض من معاناة العراقيين وإحداثها التي خلت كانت حقيقة كُتبت لكي يطلع عليها العالم على اوضاع اللاجئين وهم في طريقهم الى البلاد الاوروبية ورغم ذلك لم يسترح المواطن من وعثاء السفر فلجوؤه اما يُقبل او يُرفض وتلك اعظم المصائب.

رياض القاضي

لندن - ٢٠١٤/٠٤/١٢

البداية

الأحوال المعيشية في العراق باتت لا تسر الخواطر، فالشعب امتعض كثيرا بسبب تصريحات القائد المؤسس والرفيق المناضل والأب و... و... و الخ... فقد اضحت له العشرات من المسميات التي بتنا نحفظها عن ظهر قلب.

في بداية التسعينات دخل صدام حسين الكويت وجردها

من كل خيراتها، وبدلا من كسب تأييد الشعب الكويتي حصل العكس.. ففتح الطريق لجنوده للاغتصاب والقتل ونهب البلد التي كان يسجل فيها انتصارات وهمية.. وأعاد الأحداث نفسها التي جرت في المحمرة ومناطق عربية عديدة التي تقع في ضمن مناطق ايران السوء في بداية الحرب.. حيث خرج الشعب العربي الايراني مخلصين ومؤيدين لقائد الضرورة فرد عليهم بالقتل والتنكيل وأيضا تكرر القتل في الكويت، ومازال الشعب الكويتي يتذكر تلك المأساة الصدامية.. وخطف الرهائن التي عبّرت عن مدى وحشية صدام انذاك في الكويت.

نبذة عن عائلتي:

ننحدر من عائلة غنية ـ بيت القاضي ـ حيث اغلب افراد عائلتي شغلوا مناصب في الدولة ونحن من اسرة كبيرة تنقسم الى شيعه وسنه ولم نعرف قط خلال حياتنا ما تعني تلك المسميات او الفوارق المذهبية إلا بعد سقوط صنم صدام حسين ٢٠٠٣ والتي اتاحت لأمريكا ان تحتوي نقطة الطائفية في العراق والتي راح ضحاياها من الأبرياء الشرفاء من كلا المذهبين.

١٩٨٩ انهيت دراسة المتوسطة فقد كان حلمي الكتابه

ونشر مؤلفاتي وبدأت اكتب من السن ١٥ متأثرا بروايات نجيب محفوظ وإحسان عبد القدوس وشاركت في مسرحية للمخرج العراقي المرحوم واجب سعيد. واذكر اسمها: عندما عاد الفارس بمدينة الموصل العراقية في الثمانينات، إضافة الى قصص قصيرة نشرتها لي مجلات الاطفال في الثمانينات.

كان عمي مديرا للسجون في العراق، وفي السبعينات بالتحديد.. ولي اخ كان يعمل كملحق تجاري في السفارة السويسرية وأما الاخر فقد كان معاونا لمدير شرطة الحدود في شمال العراق والمعروفة الان بكردستان العراق.

والدي متزوج من امرأتين الاولى من النجف، اما الثانية فهي والدتي من القومية التركمانية التي تعود اصل شجرة العائلة الى تركيا، وكانت تسكن التون كوبري في شمال العراق.

كان والدي مديرا للمالية ولد عام ١٩١٢ وبطاقته كانت صادرة من الدولة العثمانية.. ورغم اصرار العديد من المقربين لتغيير بطاقته كانت ردة فعله النفي القاطع، فهو يعتز بالبطاقة رغم اصفرارها، فلم يكن يرغب بحمل هوية صادرة في عهود بعد العهد الملكي، لان الخير قد شح في تلك الانظمة وخصوصا من بعد مقتل الملك فيصل، هكذا كان يقول بكل قناعه الى ان توفي سنة ١٩٩٢.

ابان حرب تحرير فلسطين وقبل الخيانة العربية الكبرى جُنِد والدي للمشاركة بالحرب قبل زواجه الثاني، واختار ان ينقل ملكيته الى زوجته لكي يضمن لها حقوقها، ولكن بعد الخيانة العربية عاد الجيش العراقي ادراجه من الحدود السورية يحمل خيبات امل الخيانة العربية.

عشت فترة طفولة مميزة لم اتعب فيها، مدللا، ولا اذكر أنني قد جربت العمل يوما في حياتي، أو اتعب في ان انال ما اريد... حتى بداية التسعينات بعد دخول صدام حسين الكويت والتي مُنيَتْ بهزيمة كبيرة اثرت على الشعب العراقي بدرجة تفوق التصور..

اذ لم يكتفي ذلك القائد المجنون الذي اعدم عشرات المقربين منه لينفرد بالسلطة من سرقة الكويت والتباهي بانتصاراته الكارتونية.. بل بعد الحرب غيّر عملة البلد الى عملة ورقيه عاديه يسهل تزويرها في الأسواق وبذلك سجّل نكسة اقتصاديه كبرى.

لمصالح المواطن العراقي الذي تحمل جنون وويلات انفراد قائد العراق بأحكامه غير العادلة.

قررت ان أترك معهد إعداد المعلمين بعد شبه افلاسنا وإبّان الضربة الاقتصادية الصدامية والحصار الذي فُرض على العراق قررت ترك المعهد والتقدم بالعمل في سلك امن الدولة

ـ الإعلام والتوجيه السياسي ـ الذي كان يعتبر سلطة ثانية بعد الحزب في العراق انذاك.

كل اقربائي عارضوا فقد كانوا ينتظرون مني ان أنهي دراستي والشروع بنشر مؤلفاتي، واخبروني بأن هذا الطريق ليس سهلا بل هو الانتحار بعينه وإنني سأدفن نفسي في وظيفة سياسية كافية بقتل أحلامي كلها.. إلا انني لم اعر اهتماما وجربت ما خططت له ظنا مني انه سيتم اصلاح الحال المعاشي لنا بعد النكسة وتدارك الافلاس.

اصبحت حياة العراقيين في ذلك الوقت في وضع لا يُحسدون عليه.. تفشي الأمراض والفقر غير المتوقع اضافه الى ادخال البضائع المضروبة الغالية الثمن من قبل ازلام صدام ولاسيما عدي، الذي لعب دورا فاعلا في تصريف منتجاته المضروبة الى الشعب العراقي.

لم يعد العراق كما كان، والعيش فيه اصبح مستحيلا، ومازال صدام حسين يعرض انتصاراته المزعومة على اجهزة التلفاز، والشعب بات يتذمر من ذلك الحُكم الذي دمر كل منشاته الحيوية.

اليوم الأول في البصرة:

مدرسة تدريب الأمن الكائنة في صدر القناة ببغداد... أصوات منتسبي طوارئ الأمن وهم يصعدون البرج الجبلي العالي وتدريبات الصاعقة وهتافاتهم اثناء التدريب: صاعقة فداء حديد ونار.. انا للموت ولست للعار.... ـ كانت تهتف بعزيمة صلبة ويؤمنون بهذه الهتافات ويعملون بها وكانوا يفدون ارواحهم لأجل ذلك ـ ـ ...

عالم غريب وجديد لم يسرني ما رأيت وأنا ادخل اول ايام التدريب وبلباس عسكري تحت أمرة عقيد الامن: محسن علي محسن، الذي ابلى بلاء قاتلا في الجنوب والشمال لدرجة لو أن الطفل اذا رفض النوم تخيفه والدته قائلة: نام وإلا سأجلب لك محسن.

شهر تموز وأنا جالس على الاسفلت في ساحة العرضات وأسلحتنا على الارض وأي خطأ سنرفع الاسلحة على الاكتاف والهرولة بها الى ابعد مساحة من الساحة التي تشتعل إسفلتها بحرارة الصيف الجهنمية.. والرجوع يجب ان يتم خلال دقائق الى نقطة التجمع.

كل شيء مقزز، تدريبات عنيفة حياة قاسية وجوع، لم اتعود عليها فبغداد اضحت جحيما في هذا الصيف الشاق لا تنتهي مآسيها.

بعد مرور ثلاثة شهور تم تعيين كل المتخرجين في محافظات العراق، اما انا فكان لي نصيب ان أخدم في مديرية أمن البصرة.. كانت صدمة وندماً وتمنيت لو انني لم اقدم على مثل هذا العمل والبقاء لإنهاء دراستي المرحلة الثالثة لمعهد اعداد المعلمين في كركوك.

بعد اسبوع من الاجازة شددت رحالي الى البصرة مدينة الصمود كما يسمونها، فانا لم ارى قط محافظات الجنوب ولم يسبق لي ان تعاملت معهم.

وصل القطار الى البصرة في ظهيرة يوم حار جدا ولم احس بهكذا حر ابدا... اول شخص دلني على مديرية امن البصره كان لطيفا وفاجئني بكرمه، شكرته لأقصد المديرية التي يسمونها بالليث الابيض لبياضها وما تحمل من معالم خوف اثناء الليل على وجه الخصوص لدرجة ان المواطن الفقير لم يكن يتجرأ حتى على مجرد القاء نظرة خلسة باتجاه المديرية.

الحرس كانوا في أوج التعب بل كلهم كانوا مستاءين من بعضهم البعض.. لم تسرني احوالهم فعلمت ان المشقة بدأت الآن.

تم تعييني في احدى المعاونيات وبالتحديد شارع بشار المشهور بالدعارة وبيع الاسماك... النفايات في كل مكان... لحوم واسماك قديمة ترمى على جوانب الطرق، وليست هناك

خدمات لتنظيفها اما في الليل فالجرذان تتعارك مع الكلاب السائبة والجو الحار يشوي الوجوه، مما يكفي ان يجعل الملابس تلتصق بجسدي الغارق بالعرق ولا من حمامات في المعاونية للتخلص من كل هذه المآسي.

شهور قضيتها بالعمل في المعاونية ومن بعدها نقلني المعاون السياسي الى شعبة التحقيق السياسي للمديرية وهناك بدأت بالتدريب على كيفية البدء بالتحقيق مع مجرمين سياسيون القي القبض عليهم اثناء المداهمات او الاشتباكات التي كانت تدور بين المتسللين من ايران الى الاهوار العراقية.

لم تكن فترة التدريب سهلة.. فعلينا ان نتعامل بجديه مع المتهمين وبطريقة حكيمة لكي نستطيع كسب اعتراف المتهم.. تدريبات صعبة خضعنا لها ودرسنا الحركات والايماءات التي تفسر ردة فعل المتهم في حالة كذبه او صِدقهُ.

اول دروس التحقيق التي تلقيتها كانت مع عملية ساعة الصفر التي نفذتها مجاميع من حزب الله العراقي المتدرب في ايران، بمحاولة لضرب مديرية أمن البصرة صيف ١٩٩٤ بصواريخ كاتيوشا محلية الصنع... القبض على منفذي العملية.. من قبل لواء الأمن مهدي الذي كان مديرا للأمن في البصرة في ذلك الوقت والذي خطط لتنفيذ عملية اعتقالهم بشكل كامل... اعجبتني شخصيته وفطنته وكيفية تخطيطه

لعمليات اغتيالات ضد بعض الاشخاص اللذين تنتهي صلاحيتهم في خدمتنا او من يثبت انه عميل مزدوج.. ويتميز اللواء مهدي بأسلوب تحقيق نادر اعجب به الرئيس العراقي صدام حسين وكان سببا كافيا ان يكون مقربا من سبعاوي ابراهيم الحسن مدير الامن العام او السيد العام انذاك - شقيق صدام -

الشخصية الثانية هي شخصية العقيد كامل البطاط، الرجل الثاني في المديرية وكان صديقا للعائلة وجار اخي وسام آنذاك اتصالات والدتي به وخوفها علي كان كافيا ان ينقلني العقيد كامل الى شعبة الميرة المعنية بالأسلحة لكي يحفظني من مخاطر الاشتباكات التي تواجهنا بين حين وآخر مع الاحزاب المعادية.

بعد مرور شهور تعرفت على اثنين من اهم الرجال والمقربين الى اللواء مهدي وهما الرائد(ا- س- العاني) و(م- خ الدليمي) اللذان كانا عقل المديرية ويتمتعان بذكاء بارع في تسيير امور العمليات السياسية وتجنيد اشخاص اذكياء كجواسيس وإرسالهم الى ايران السوء، لغرض جلب المعلومات السرية وعن ما يتم تدبيره من خطط ضد البلد من قبل رؤوس التنظيم للأحزاب المعارضه آنذاك.

وبعد فترة من التعارف تم سحبي والعمل معهم في شعبة تدعى قسم المتابعة والتنسيق السياسي والسيطرات، وهذه

الشعبة رغم انها احدى الشعب السياسية إلا انها مستقلة بإدارتها وطرق عملها السري في المديرية. ويتمتع الأمن العراقي بجديته في حفظ الامن، فبالرغم من الظروف المعيشية الصعبة إلا أن الأمن كان مستتباً في العراق.

شدّني العمل في شعبة المتابعة كثيرا، فلي مكتب خاص أتحكم في تقسيم عناصر الأمن الى السيطرات، علاوة كنت التقي بأشخاص لغرض تزويدهم بأجهزة تجسس لصالح عملنا الأمني وإرسالهم الى ايران.

غرفة العمليات كانت كبيرة تتضمن خرائط تنظيم الأحزاب والرؤوس التي تقوم بتنفيذ عمليات الاغتيال لمسؤولي حزب البعث مرسومة على شكل مثلث هرمي على اوراق ملصوقة بالحائط ولا يُسمح لأي احد بالدخول الى الغرفة السرية.

يقسم الاشخاص الذين يعملون لصالح الأمن الى قسمين:

- **الأصدقاء**: وهم اصدقاء الدائرة يتم كسبهم اثناء تقديمهم لطلب موافقة امنية للعمل في الدوائر الحكومية او فتح متجر او صالون حلاقة من كلا الجنسين ويعملون بدون أجر للدائرة مقابل تزويدهم بالموافقة.. وغالبا ما يتم استغلال الحلاقات جنسيا من قبل منتسبي الأمن.

- **المؤتمنون**: وهم من يتم تعيينهم لقاء أجر بسيط وزجهم بين الاحزاب المعارضة سواء في ايران او اي بلد آخر يسهل

الوصول اليه، واغلبهم من الفارين من الخدمة العسكرية ويتم تزويدهم بأوراق مزورة بالتنسيق مع المخابرات أو الاستخبارات او التجنيد لضمان مرورهم او اجتيازهم للحدود وتأمين وصول المعلومات الينا.

كلا الصنفين يقومون بعمليات قتل الهاربين السياسيين الى ايران وبدعم امني كبير، وفي حالة انتهاء صلاحية العميل الذي يعمل لصالح المديرية تتم تصفيته بكل سهولة.

المؤتمن عبد الامير معلة او ابو زهرة (الاسم المستعار) كان اكثر الاشخاص من يزودنا بمعلومات خطيرة وأسماء لكبار أعضاء التنظيم في الجانب الايراني... حيث كنا على منافسة مع عناصر المخابرات العراقية في كسبه وضمان سلامته على عكس عناصر المخابرات الذين دأبوا على قتله في الحدود بقصد افشال خططنا الامنية.

كان المؤتمن أعلاه رشيقا في التنقل من والى ايران عبر الشريط الحدودي، وفي احد الايام تم القاء القبض عليه من قبل الاستخبارات وحاولوا اخفاءه عنا إلا اننا بعد جهد كبير استطعنا اطلاق سراحه وجلبه الى المديرية والاحتفاظ به للسلامة الشخصية.. وما فاجئني انه كان ضيفي في نفس غرفة نومي وسيشاركني بكل شيء الى حين خروجه، هكذا امر السيد المدير.

البصرة:

فوجئت بالبصرة ـ من حيث احوالها المعيشية ـ وسكانها فالفقر فيها كثير والغني لا يهتم بالفقير والعمل الحر بأجر بخس لا يغني الفقراء خصوصا في محافظات الجنوب التي اشبعها الحصار الاقتصادي فقرا.. ورب العائلة يحتار في اطعام صغاره فكل شيء غالي.. بينما تفشت حينها نوع من الأجبان الرخيصة والخطيرة المعروفه باحتوائها على مادة الزرنيخ (جبنة الكيري) المحلية الصنع لجأ اليها ارباب الأسر لغلاء بقية الاطعمة لسد رمق عوائلهم وجهلهم بمخاطر تلك الاجبان.. كنت على علاقة وثيقة مع تلك العوائل وكنت ارى اغلبهم يتوجهون الى البقال بقصد شراء هذا النوع من الجبن الرخيص.. فالمواطن حُرم من كل سبل العيش التي من المفروض ان يعيشها العراقي بعد حروب آلت بالبلد الى الخراب.

المواطن البصري انهكه صراع العيش وبالكاد كان يبحث عن لقمة يسد بها رمقه.. خوفه من اجهزة الدولة كان قضية مأساوية اخرى اصابته كلعنة سماوية يجهل متى تُرفع عنه.. اثناء تلك الفترة لاقاني صدفة في شارع الكويت شخص كان زميلي في معهد إعداد المعلمين يبحث عن رياض القاضي وبعد الترحيب الحار سألني:

ـ أبحث عن شخص مسؤول عن السيطرات يدعى رياض القاضي.

ـ وما ذا تريد منه؟ (سألته)

ـ يُقال انه مسؤول السيطرات وأنا احتاجه لأمر عاجل، وهو السبب في اعاقتي عن اداء اعمالي وأريد ان اجده بأي طريقة.

ـ قلت خيرا؟ حاولت ان افهم اسباب بحثه عني إلا انني كنت عبثاً أحاول، ثم سكتُ للحظة لأفاجئه:

ـ انا رياض القاضي.

كان من الصعب اجعله يصدق فاضطررت ان اصطحبه الى احد الباعة ممن يعرفونني ثم سألت البائع:

من أنا؟

أجاب البائع:

ـ وهل يخفى الطيب.. رياض القاضي الوسيم دائما والطيب.

حضنني أياد بشدة ثم توجهنا لشرب القهوة.

عباس البارودي متعهد حفلات الفنان كاظم الساهر في البصرة:

بعد ان اقتنع اياد بأنني رياض القاضي تم تحديد موعد مع عباس البارودي، وعندما سألته من هو عباس؟ اجابني انه كان مدير اعمال كاظم الساهر انذاك وانه عمل مع النجم آنذاك كمتعهد لحفلاته.. لم اصدق ما قاله ولم استبعد ان يكون محتالا ايضا لكثرة حالات الاحتيال التي صادفتني اثناء ادائي واجبي الأمني في مناطق البصرة واقضيتها.

حضرت الموعد في احد فنادق البصرة الفخمة استقبلني اياد فسألته عن استاذ عباس فأجابني انه سيحضر بعد ثوان.. لم نطل الحديث حتى حضر شخص ضعيف جدا خيّل لي بادى الامر انه لم يأكل لشهور او خرج للتو من معتقل.. سلم علي ودعانا للعشاء على الفور.

جلسنا في مطعم فخم للفطور حيث كان شهر رمضان وبدأ بالتعريف عن نفسه وعن تاريخه مع الفنان كاظم الساهر قبل ان ينفصلا، وبينما كنا نتجاذب اطراف الحديث لفت نظري اطفال فقراء تجمعوا على نافذة المطعم جائعين يراقبون الزبائن ويلعقون زجاج نافذة المطعم من الجوع.

تألمت كثيرا ثم ما لبث ان ارسل صاحب المطعم عماله ليطردوا الاطفال.. واصلنا الحديث إلا انني لم اصدق كلمة مما

قيل من قبل عباس البارودي ثم سألته بعد فراغ صبري:

ـ ما المطلوب مني استاذ عباس؟

ـ الحقيقة اخ رياض انا بصدد ان أقيم حفلا في البصرة (وذكر اسم المكان) وأتمنى ان تساعدني ببيع البطاقات عن طريق تصريح لبيعها في السيطرات وعندما سألت من الشخص الذي يستطيع ان يصدر هذا التصريح قالوا: رياض القاضي.

ـ انا فعلا مسؤول على السيطرات ولكن لا اعرف اي شيء بشأن التصريح ولا استطيع تقديم الطلب الى المدير للحصول على موافقة التصريح بدون رؤيتي البطاقات لإرفاق النماذج ونموذج لكتاب موافقة من محافظة البصرة ارفقهما بطي الكتاب.

اخرج من جيبه تصريح المحافظة والشرطة وألقيت نظرة الى الورقتين وتأكدت من صحة الصدور وكلفته بإعطائي نسخه من الموافقة لتقديمها للمعاون السياسي.

استغرق التصريح اكثر من اسبوع وانتهى شهر رمضان، وكثف عباس من الولائم والشرب وجلسات النساء، وفي نهاية كل سهرة كان يوصيني بالإسراع بإصدار الموافقة... لم يكسب ثقتي ولن يكسبها حتى ولو كان صادقا، فهؤلاء لا هوية لهم وقد كثر من امثالهم هذه السنين وبدعم من جهات مسؤولة.

في احد الايام وبينما كنا مدعوين في شقة عباس اخرج فيديو كاسيت وعرضه لنا، وشاهدت بعيني حضور الفنان كاظم الساهر مع سهير اياد الى كركوك يرتدي التي شيرت المخطط، كما ظهر في اول مسلسل له في بداية التسعينات مع اثنين من الحرس الشخصي، وتم ذبح خروف تحت قدميه.. لم يكن ما شاهدت اذن علاقة سطحية بينه وبين القيصر.. وفي تلك الفترة عرض تلفزيون الشباب مسلسل (ذئاب الليل) ونجح نجاحا كبيرا، ودعا عباس البارودي أبطال المسلسل الى بيته لأكل ورق العنب المحشي بالرز الذي يشتهر به مناطق التركمان في العراق.

اذن عباس هو متعهد وصديق لكاظم قلت في نفسي.. بعد فترة اصبحت الموافقة في متناول يدي ورغم كل ذلك لم استبعد ان يكون في العملية نصب، إلا انني لن اخسر شيئا من ناحية سلامتي القانونية. وبعد فترة من تاريخ الاصدار تم بيع كل البطاقات وبدون اي مشاكل تذكر، وقبل موعد الحفل بأيام اختفى ظِل عباس ومعاونه اياد من البصرة فالحفلة كانت وهمية.

بعد سنة وجدت اياد يبحث عني مجددا ليبيع بطاقات حملة تنظيف شوارع البصرة للمواطنين، واخبرني ان عباس قد غدر به وأخذ كل الاموال الى جهة مجهولة... ضحكت

ورفضت مساعدته رغم محاولاته لإقناعي بان لي نصف الربح فهددته بإلقاء القبض عليه ان لن يغادر البصرة في الحال... وبعدها اختفى اياد فورا وبدون اي اثر يذكر.

إعدام ميت:

في صبيحة احد الأيام الحارة شاهدت تجمعا على شباك المديرية المطل على الساحة في الطابق الاول وتساءلت فيما لو ان الحصة التموينية الشهرية حضرت ام لا.. فوضع المنتسبين اصبح مزريا في ظل تلك الظروف الصعبة حيث الاخ يتقاتل مع اخيه من اجل لقمة العيش.. بعد دقائق قليلة حضرت شاحنتان تحملان اعمدة شنق مفككة تفاجأت بها تدخل من باب بوابة المديرية وبعد تفريغ الشاحنه من الأعمدة.. تم تركيبها بسرعة ثم حُمّلت مره ثانيه لتتجه الى سايلو البصرة.

سألت المنتسبين عن هذه الأعمدة فقالوا إن مدير الامن وعد موظفي شركة حبوب البصرة بحفلة جميلة وها هو يرسل المفاجأه ليفتتح بها الحفل المُنتظر.

لم افهم بالضبط تفاصيل القضية فطلبت المزيد من التوضيح من احد الاشخاص الذين يعملون في التحقيق السياسي فأجابني:

قبل فترة تم القاء القبض على عصابة تهريب الحبوب من سايلو البصرة عددهم ستة.. اما السادس فنعلم انه بريء وكنيته جيدة ولكن صاحبه الذي هو الآن احد الجُناة قد ورطه في هذه القضية ولا تسألني كيف ارجوك. (ثم انصرف بسرعة).

لم احضر مشهد الاعدام إلا ان من شهدَ الحادث وصفه كما يلي:

النساء يتبرجن والرجال يمرحون ويضحكون ظنا منهم ان هناك حفلة لمناسبة معينة فالعراق ايامه كلها مناسبات وطنية لانتصارات وهمية... ثم دخلت سيارات سوداء اللون، يتوسط الموكب سيارتا مدير الامن وأحد مسؤولي قيادة الفرع ثم ترجلا من سيارتيهما تحت تصفيق حار وهتافات تشيد بحياة الرئيس صدام حسين.

اعتلى المسؤول المنصة بدأ بإلقاء خطابات نارية وغاضبة وتهديد لكل من تسوِّل له نفسه ان يسرق المال العام.. اختفت الضحكة من وجوه الحاضرين وعمّ الخوف وبعدها دخلت الشاحنتان تحملان اعمدة الشنق فأغشي على بعض الناس ودب الرعب بين الموظفين تحت ضحكة المدير والمسؤول ومنتسبي الامن.

ـ هذه حفلتكم التي وعدتكم بها... اكمل المسؤول.

أُنزلوا الاعمدة واخرجوا المحكومين من الأقفاص والموظفون ازداد خوفهم.. انهمك بعضهم في ايقاظ من اغشي عليهن حتى أن بعض الرجال تبولوا على بناطيلهم من شدة فزع المنظر.. اذ اعتقد الجميع ان الاعمدة هي لهم وليست للمحكومين بادئ الامر.

عُلقت الحبال على الأعناق ومن ثم بدأت عمليات الشنق الوحشية والكل يشاهد العملية ومنهم من لم يتحمل فبدأ بالتقيؤ والآخر أغمي عليه... المنظر لم يكن سهلا لهم فالواقعة مهولة بالنسبة لأناس مسالمين بعد يوم عمل مُضنٍ في أجواء هذا البلد الغريب.. وهذه من سوء الحظ لم تكن النهاية.

طلب مدير الامن من الدكتور ان يفحص الموتى.. تحرك الدكتور المستاء والخائف في نفس الوقت الى فحصهم ثم تفاجأ ان احدهم اي ـ البريء ـ مازال على قيد الحياة ويعاني من كسر في الرقبة... امر المدير الدكتور ان يتركه ثم قال ببرود لعناصر طوارئ الامن الذين يرتدون لباس الكوماندوز: أولادي تكفلوا به.

وما ان انهى كلمته حتى انهال عليه اكثر من شخصين محاولين قلع رقبته والأخر يخنقه الى ان طقطقت بشدة رقبة الرجل وتأكدوا من موته ثم تركوه.

هذه قصة من آلاف القصص المرعبة عشناها في ظل باني

مجد العراق حيث ان المصيبة بأن تكتمت الجهات الامنية على براءته ولم يرسلوا حتى برسالة اعتذار الى ذويه ليخبروهم بأن اجهزتهم قد اعدموه سهوا كما فعلوا بآلاف الشباب الذين تم اعدامهم في احداث ١٩٩١ عندما شارف حكم صدام على الانتهاء لولا تلقيه دعماً من امريكا لإعادته الى الحكم مجددا.

تبييض السجون في صيف ١٩٩٥:

في ذلك الوقت عانت السجون العراقية من زخم كبير بالنزلاء فمنهم البريء وينتظر الافراج ومنهم من لم تثبت ادانتهم، ومنهم من كان فعّالا في العمليات الهجومية والتجسس لصالح ايران السوء. مديرية امن البصرة كانت لها حصتها في تبييض السجون وتم تشكيل لجنة مُشّكلة من قاضي التحقيق ومدير أمن البصرة والمعاون السياسي ومدير التحقيق وبعض من منتسبي مديرية أمن البصرة على ان يتم امر التنفيذ في غضون ايام قلائل وتسفير أصحاب الملفات العالقة والقديمة والمنتهية الى الامن العام في بغداد ولتتم تصفيتهم هناك.

تم احضار المنشآت وأدرجت اسماؤنا للسفر مع المسجونين الى بغداد، كانت وجوههم بيضاء ونحيفي البنية جدا ولا حياة فيهم، وفوق كل ذلك مكبلين بالأصفاد، لا امل فيهم.. فهم

يعرفون مصيرهم عندما يصلون الى بغداد فلا محاكمة ولا حساب، الشنق مصيرهم الوحيد.

لم اتحمل رائحة السجناء الا انني مجبر على البقاء قريبا منهم، وكان معي مدير شعبة القانونية وبعض من طوارئ الامن، احد المعتقلين قال: استاذ تفضل بالجلوس.

- لا شكرا استطيع تحمل الوقوف.

- معقولة ستقف ١٠ ساعات على قدميك... أو ربما ستقف اكثر، فالطريق طويل وصعب في هذا الجو الحار.

- اذن اين ستجلس انت ان اعطيتني مقعدك؟

- هناك (اشار الى ارضية الحافله) مجيبا.

- وكيف اتركك تجلس هناك وانا اخذ مقعدك. (قلت له بإشفاق).

- اعرف مصيري بعد هذا السفر.. اذن لا حاجة لي لمقعد انت اولى بها مني.

أدركت حينها انهم يعلمون مصيرهم ففيهم البريء ومنهم من كان ينتظر الافراج ونسوه في المعتقل شهوراً.. بل حتى لم يكلف القاضي نفسه بمراجعة قضاياهم... ثم واصلنا السفر الى مصير قاس لا يعرف قسوته الا من سيواجه الموت وكانت ايديهم مكبلة بشكل يشفق الكافر عليهم.

هجوم على مقر القيادة الحزبية في منطقة البصرة القديمة:

آخر ما توقعته ان يهاجم اثنان من الحزب المُعادي المتسلل من ايران مقرا للفرقة الحزبية التي احتضنت اجتماعا مهما لأعضائها في صيف ١٩٩٤ في منطقة البصرة القديمة القريبة من جامع البصرة القديم.

كان الاعضاء منشغلين بحضور مسؤول كبير في الحزب يحاضر فيهم ويقوي عزيمتهم ويحثهم على الشهادة في سبيل الوطن، ومن هذا القبيل من محاضرات صداميه التي اعتاد ان ينهكنا بها طيلة فترة حكمه.. وما هي إلا دقائق حتى اقتحم اثنان من العناصر المستميتة موقع الاجتماع وذلك بعد قتل الحارسين اللذين لم يملكا اي سلاح، وبعد الانفجار الثاني داخل القاعة ادرك الجالسون بان هناك عملية لاقتحام الفرقة الحزبية وكان اول الفارين من فتحة التهوية المسؤول الكبير.. فر من استطاع الفرار وقُتل اثنان من اعضاء الحزب اضافة الى الانتحاريين وتم تصويرهما وإرسال تقرير الى السيد العام سبعاوي ابراهيم الحسن.

البصرة كانت مركز عمليات للمتسللين، فطبيعتها الجغرافية تساعدهم على التنقل عن طريق الاهوار بين الاقضية المحايدة للحدود لتنفيذ عملياتهم.. في احد الايام وبينما كنت اقلب صور المطلوبين رأيت اثنين قد قُتلا وتم تصويرهما واستفسرت

من صديقي احمد هارون ـ الذي استشهد بعد ٢٠٠٣ اثناء الواجب ـ فأخبرني بأنها لعبه بين الملازم الاول مثنى والمدير لتمويه السيد العام بأنهم نفذوا هذه العملية والغرض طبعا هو للحصول على مكافأة وان الاعضاء الداخلية والقولون والدماء هي للحيوانات التي تم بعثرتها عليهما لكي يظهرا كقتلى نتيجة اشتباك دام حصل في احدى مناطق الاهوار الجنوبية.

كان البلد يمر كل يوم بأزمات لكي ينشغل المواطن العراقي بشؤون الحياة الصعبة ويترك التفكير في امور تخص الدولة.. فكل يوم تفتعل الحكومة ازمة الكهرباء ويوم اخر ازمة المياه ويوم تفتعل الحكومة ازمة للخبز كل يوم قصه جديدة يصحو على اثرها المواطن العراقي الكادح ولا رغبة له بالعيش او الضحك، فكل ما يهم المواطن ان يوفر سعر رغيف الخبز وبعضا من الطماطم والزيت ويطعم اولاده... لا احد يحس بنعمة العيش، الكل غاضب وليس هناك من حل يخرجهم من ورطة الحكم الصدامي.

انفجار كبير في تسجيلات الرسالة بشارع الكويت اودى بحياة صاحب المحل وابنته، بعد يومين تم العثور على اكياس مليئة بقليل من السكر والزيت والفواكه.. أمّا تحت هذه الأغراض فهي متفجرات. لدرجة ان في احدى المرات

حاولت امرأة عجوز ان تستقل حافلة للركاب وكانت تحمل كيسا من الطحين فركلها السائق قبل ان تصعد الحافلة ظنا منه انها تحمل متفجرات... قوى الامن والمخابرات بعد فترة وجيزة استطاعت الوصول الى منفذي العمليات التخريبية وفي وقت وجيز جدا.

في هذه الفترة تذمرت كثيرا من صعوبة البقاء وما أراه ليس بسهل.. الى ان راودتني فكرة الهروب من العراق، فأنا لا استطيع التحمل اكثر.. اذ أن كل شيء يدعو الى الحزن وضنك العيش المزري.. فكيف السبيل الى الهروب والنجاة من جحيم العراق العظيم.. ولكن ان فشلت محاولة الهرب فالإعدام مصيري حتما.

وفاة والدتي وخطوة الالف ميل:

البصرة جميلة تعرفت فيها على اجمل النساء وأطيب الناس، واكتسبت منها خبرة في التعامل مع اشخاص يصعب التعامل معهم، الا انني لم اكن قاسيا الا على من لم يحترم المواطنه من المحتالين والسُراق الذين كانوا يصادفونني اثناء عملي او في فترات التحقيق التي عملت بها.

عملت في الاعلام والتوجيه السياسي، وأكسبتني خبرة في كيفية الكتابة وإيصال الفكرة الى القارئ، ومن ثم فكرت ان اكمل دراستي وان ابلغ رتبة عالية كضابط أمن.. رغم اننا موظفون ونختلف عن بقية اجهزة الدولة الاخرى الا انني اردت تحقيق حلم والدتي التي فقدتها في ٢٠/ ٠٦/ ١٩٩٥ مما اثار في داخلي الحزن الكبير لفقدانها وكأنه كابوس لم افق منه الا بصعوبة.

تقدمت الى كلية الشرطه الجناح الاعدادي لإكمال الدراسة وتم قبولي والتفرغ من الدائرة لمدة عامين كانت فرصة جيدة لي لبدء مشوار جديد من حياتي وانتظار الترقية الى رتبة اعلى بدلا من بقائي موظفا مدنيا... التدريب كان شاقا، فالكثير من تدريبات الصاعقة والضرب والإزعاجات والعقوبات الليلية التي ارهقتني وجعلتني منهكا جدا.. فنحن نتلقى تدريبات عنيفة من عناصر الكلية العسكريه.. رقم الدورة ٤٩.. شتاء

١٩٩٦ وقد هجم علينا الجوع والبرد ولا من معين الا الله.. فعلا تحمّلنا المشقة في تلك الفترة التي زامنت حصار البلد.

الغريب في السنة الاولى عندما صادفنا شهر رمضان.. ضباط الشرطة المشرفون علينا كانوا يستلذون بمعاقبتنا خصوصا بعد السحور الا ضابط شرطة واحداً هو ابن اخت الوزير ـ طارق عزيز ـ الذي كان يحترم صومنا كمسلمين رغم انه يعتنق الديانة المسيحية. كان طيبا يُعبر عن اخلاقه السمحة وعن دينه عن طريق السماح لنا بالذهاب الى النوم بعد فترة السحور او الافطار بدون عقوبات احتراما لشهر رمضان، مما اثار ضغينة الباقين والتخطيط لابعاده من جناح التدريب لطيبته.

في ١٩٩٨/٤/٢٤ انهينا الدورة وتخرجنا باحتفال واستعراض عسكري كبير حضره وزير الداخلية والعديد من الشخصيات المهمة في الدولة انذاك.. لم اكن فرحا بقدر حاجتي وسعادتي للخروج بسرعة من كلية الشرطة التي كرهتها الى ابعد حد فرميت زي التخرج واخذني الشوق الى اللباس المدني.. ثم اطلقت ساقي الى الريح لأرى مناطق بغداد كالمجنون والتنزه في مناطقها بعد سنتين من التعب والشقاء.

بعد راحة اسبوع توجهت الى البصرة وبقيت في شعبة المتابعة والتنسيق السياسي لشهور ثم تعرفت على لينا السناري

وهي سورية حلبية ولدت عام ١٩٨٣ في البصرة تعلقت بها كثيرا وعشقتها الى ابعد حدود وكانت تبادرني الشعور نفسه بل واكثر وكانت لقاءاتنا مختلفة.. حيث كدنا نحترق من شدة الشوق لنلتقي ونرتشف القهوة على كورنيش البصرة وفي كافتيريات البواخر العائمة.

المقابله للشيراتون في البصرة.

يوم الوداع:

لم استمتع بعلاقة كهذه التي مررت بها.. فأنا واقف بين يدي انستي.. نلتقي لساعات ولا نكاد نفترق.. تغيرت حياتي فلا اصدق انني احببت هكذا من قبل. كانت تتكلم السورية وتجيدها وكلماتها المعسولة تأخذني بسكراتها الى عالم مجنون لم افق منها الا يوم وداعي لها... في يوم حتمي كان لي أن اشهده رغما عني.

قبل التعرف عليها طلبت نقل وظيفتي الى كركوك حيث تسكن اختي فزوجها اوصاني انه سيهرب الى اوروبا وستحتاج اختي لي بدون شك.. فلبيت له طلبه وقدمت على مشروع النقل قبل التعرف على لينا.

ودّعتها بحزن كبير.. فقد التقينا في بيتها خلسة وعندما سجلت اول قبلة على جبينها انقطع التيار الكهربائي وفتح

الجيران ابواب بيوتهم للتهوية اذ كنا في حر حزيران الجهنمي ففضلت الخروج قبل ان يراني احد ويخبر والدها.

في الطريق كنت احمل منها الورد وقطعة دائرية كبيرة من الكيك صَنعتها لينا لي بمناسبة عيد ميلادي، كنت انظر الى كل مساحات البصرة فأرى صورتها واسمع صدى صوتها الذي لم يفارق مخيلتي.. كل شيء هنا أراها فيه.. تلك معضلة الحب أن تصادفك أمور لا ترحمك كإنسان.

وصلت كركوك وحملت ابن اختي الصغير.. انه يمشي الآن ويركض بطريقة جميلة ومضحكة وله عطر خاص يشدني الى ان احضنه واستنشق شعره بكَل عنفوان.. وباستطاعته ان ينادي اسمي رغم عدم اتقانه للفظ الكلمات بسبب صغر سنه.. لم ينساني ابدا وكأنني كنت ملتصقا في ذاكرته.. اتذكر انني تركته يحبو وهاهو الان يمشي.. بكت اختي قليلا فصبّرتها على الفراق وطمأنتها بكلمات لابد منها.

اليوم الاول في مديرية أمن التأميم (كركوك):

ما زالت فكرة الهروب تراودني الى خارج العراق وخصوصا بعد ان ارسل نسيبي صورته من ميناء بريا باليونان.. صور شجعتني لترك العراق وما فيها..

دخلت المديرية وتوجست منهم القلق من الجو غير السار.. هؤلاء عصابة ولا استطيع ان اخوض معهم اي تحد وعلي بإيجاد شعبه بعيده عن العيون للعمل فيها. كانت مسؤولية السيطرات من ضمن واجبات الأمن وكانت العناصر الأمنيه تكسب باليوم الملايين من الدنانير العراقية وقبل نقلي بأيام الى كركوك تم سحب المسؤولية من الامن والغاؤها.. مما اثار زوبعة كبيرة في نظامهم الداخلي.. لأنهم تعودوا على اختلاس مبالغ طائلة ولكنهم ألآن فقدوا كل السبل التي تكسبهم الملايين.

نقلت الى امن المنصور وانتظر مني المعاون الاداري ان ادفع رشوة لقاء تعيينه لي في هذه المعاونية.. فرفضت وعلى اثرها تم الغاء امر تعييني فيها.. ثم أعادوني الى شعبة القيود العامة التي تعنى بالعديد من المسؤوليات السرية والهامة كالتعامل مع بريد الاستخبارات العسكرية والأمن الخاص وفدائيي صدام وترقية الضباط العسكريين والشرطة والكثير من المهام التي ترتبط بالأجهزة الأمنية والاستخباراتية في المحافظة.

باشرت العمل في المكتب وتعرفت على مجموعة جيدة من اصدقاء اوفياء بالإضافة الى انني كسبت خبرة جديدة في تبني رسائل وتقارير مهمة الى الجهات المهمة واستمر عملي الى سنة ٢٤/٤/١٩٩٩ حيث تم التحول الجذري في حياتي.. وأستطيع القول بأنني على وشك خوض مغامرة هي في عين

القانون خيانة عظمى لرجل أمن.. ولكن في نظر ألإنسانيه هي تعتبر البحث عن حرية مشروعة.. يفكر في نيلها الفرد المظلوم بعد أن يفقد مقومات الحياة الهانئة في بلده.

التخطيط للهروب:

لم تكن فكرة الهروب لأنفذها لولا استيائي من النظام والتي شجعتني الظروف المأساويه على اتخاذي لقرار حتمي.. وأعلم بأن مصير هذا العمل لو فشل هو الاعدام المؤكد في ظل ذلك الوقت الصعب الذي مررت به وخصوصا بعد ان ترشحت لمعهد الضباط العالي لدورة مدتها تسعة شهور.. ورغم انني كنت اسعى دائما لبلوغ ما أصبو اليه من طموح اعلى لنيل مرتبه تليق بعائلتي وفي وظيفتي.. إلا أنّ حبي للحرية كانت فوق كل شيء. ولكن المصائب حالت بين كل ذلك عندما طرق مسؤول حزبي باب البيت ليتحقق بشأن

هروب نسيبي.. وساومني على مبلغ من المال كثمن لسكوته ووعدني بعدم افشاء ذلك لأحد وبالأخص المديرية وعقوبة اخفاء معلومات امنية لا تُغتفر بل سأواجه بإنزال العقوبة القصوى برجل الامن بتهمة الخيانة العُظمى. وما زاد من جنوني هو وصول رسالة من سوريا ارسلتها ـ لينا ـ اثارت فيّ ما كنت اخفيه من معاناة فراقها ولن اتردد بالتوجه هربا الى أربيل ومن ثم الى سوريا حيث لينا التي كانت تسكن في حلب بعد ان ترك والدها العراق ورجع الى مسقط رأسه.

في ابريل ١٩٩٩ بدأت امريكا بقصف دوائر الدولة المهمة وكانت دائرتنا على قائمة الاستهداف فتعذّر علينا قضاء الخفارة داخل المديرية او حتى العمل بداخلها خوفاً من القصف المُكثّف الذي لم يُفرق بين الحجر والإنسان.. فنقلنا على أثر هذا الهجوم المباغت كل الاضابير المهمة الى بيوت أمنه وبعضها كان غير مسكون.. وجعلِها مقرا لنا، ومما زاد في الطين بلة تهديدات قوات المعارضة العراقية بالدخول الى بغداد في عاشوراء وتوعدوا برفع ما أسموها ـ راية العباس ـ في هذا الشهر مما زاد من خطورة الموقف وإجبارنا على الموافقة بالتوقيع على أمر اعدامنا في حال تخاذلنا عن تلبية النداء الوطني وقطع الاجازات والمشاركة في القتال التي باتت حتمية.

وصل معدل الانذار الى ١٥٠ بالمائة وأصبحت كركوك محاطة بكمائن من الاستخبارات والحزب. كنت قد كُلفتُ بالخفارة هذه الليله المشؤومة.. ولكنني قبلها بأيام خططت للهرب وبعثت رسالة عاجلة الى الحزب الكردستاني الذي كان بإمرة جلال الطالباني وإبداء رغبتي بالهرب من جهاز الأمن العام الى جهتهم.. تلقيت الرد من احد عناصرهم الذي خيرني بالهروب او العمل معهم لقاء أجر.. فرفضت ذلك وأعربت عن رغبتي بالهروب... لا العمل كعميل مزدوج... فأجابني الشخص: اذن سنحدد لك يوم الهروب.

تم تهريب ملفات مهمة من قبلي الى الجانب الثاني بقصد اثبات حسن النية حسب طلبهم.. وعلي أن أثبت انني غير مندس وارغب بقناعتي الشخصية بالهروب الى جانبهم وبدون اي ضغط او إكراه.. وأنني لا ارغب بالعمل مع النظام ابدا. تم تحديد يوم الهروب المصادف نفس يوم الخفارة.. اتصلتْ اختي وقت الظهر حيث كنت في المديرية وقالت بأن الطبخة قد استوت وإنها تنتظرني على الغداء.. كان الشخص في بيتنا ينتظر قدومي لننطلق وقت الغروب ويسلمني الى اخيه (ع) الذي قام بإحضار سائق التاكسي ليقلنا الى حدود كركوك في منطقة رحيم اوه ومن ثم اكمال المسير مشيا على الاقدام الى السليمانية.

هكذا كانت الخطة في ذلك اليوم الذي لم اكن متوقعا بأنني سأقدم على خطوة خطيرة تكلفني حياتي وحياة عائلتي وبالأخص في هذا اليوم المُغبِرْ.. انها مخاطرة ومغامرة فأغلب من يخططون للهروب يختارون اياما وأوقات مناسبة لا يوما كهذا اليوم الذي تلتهب الحدود به من كثرة الكمائن ودوريات ألاستخبارات والحزب.

استأذنت من مدير الخفر لتناول الغداء في البيت.. بعد أن اذن لي غادرت الدائرة برفقة ثلاثة من الاصدقاء احدهم يدعى (م الدليمي) وهو من اصدقائي المقربين الذي يعلم بالخطة والآخران حديثا العهد بالوظيفة.. تملكتني فكرة المزاح معهم ونحن في الطريق الى البيت.. ثم توقفنا بانتظار الحافلة للذهاب الى بيوتنا ثم نرجع بعد ساعتين لإكمال الخفارة.

قلت ممازحا لاحد اصدقائي: لو هربت اليوم من العراق بماذا ستصفونني؟

- والله ستكون مَثلي الاعلى لو هربت اليوم. قالها لي ضاحكا.

- وماذا بعد؟ سألت.

- ستكون بطلا وسنعطيك ما تشاء من القاب.

صديقي - م - كان يضحك وتبادلت معه نظرات السخرية

على هذين الشخصين ثم قلت:

ـ اذن على بركة الله سأرى ان كنتم صادقين.

ضحكنا قليلاً.. ثم جاءت الحافلة وقصد كل منا بيته.. تكلمت مع ـ م ـ الذي يسكن قريبا من دارنا وأوصيته ببعض الأمور المهمة وان لا يسأل عن اختي مهما حدث لكي يبعد عن الشكوك التي ستنجم بعد هروبي.

تعانقنا عناق الوداع.. ثم تركته ذاهبا الى البيت وفي رأسي تدور الف مسألة.. ماذا لو فشل هروبي وأمسكوا بي عناصر الحزب؟ وكيف سأتصرف لو ظفروا بي على الحدود، فكل تصرف محسوب علينا وهذه عملية خطيرة ان تهرب في مثل هذا اليوم بالذات.

وصلت البيت وتلقاني المدعو (أ) وقال انه رتب كل شيء لإنجاح هروبي وإنني سأحتاج الى السلاح لأحمله معي في حال لو صادفني اي مكروه في الطريق... فاليوم الطرق غير آمنه بسبب الانذارات الحربية والحدود في هذه الأيام تشهد نوعاً من الطوق الامني الخانق.

قبيل الغروب ودعت اختي وقبلت ابنها الذي باشر بالبكاء ثم طلبت من (أ) أن يمهلني لحظات لتوديع صديقي (م).. حذرني من خطورة ما أقوم به إلا انني اصررت على توديعه.

تكلمنا لدقائق وأخبرته بأنني سوف اتصل به لو سمحت لي الفرصة بذلك.. غادرته بكل أسى.. فالمنطقة رغم مآسيها احدثت في داخلي فجوة من نوع خاص.. استوقف ـ أ ـ سيارة اجره قاصدين منطقة الاسكان الكردية وكان الجو مغبرا وكئيبا.. لا كهرباء ولا ماء.. فالمدينة ميتة فقط اجساد تتحرك بلا معنى. لم ارغب في أن اطيل النظر الى هذه المدينة لكي لا تأكلني حدة وحزن ما أراه.. جو متجهم وجوه بائسة.. حتى السماء حزينة على ما يجري على أرضنا.. كارثة انسانية في بلد غني.

سألته ـ أـ متى سيأتي المُهرب لقد تأخرنا؟

ـ لا اعرف المفروض انه ينتظرنا هنا ولا اعلم ما حصل.. ثمة شيء منعه من المجي في وقته المحدد.

تأخرنا كثيرا فالوقت ليس بصالحي ان لن يأتي فمعناه ان ارجع الى المديرية خائبا وعلي إيجاد عذر مشروع لتأخيري. تنفست بقلق وتذكرت احد اصدقائي عندما حاول مرة ان يجتاز الحدود من الموصل الى اربيل فتم القاء القبض عليه وكاد ان يُعدم لولا ان عشيرته تداركت الامر وحُلّت القضية.بمعجزة سماوية.

بعد ساعة وصل اخوه وقد اظلمت السماء والشوارع غدت شبه خالية إلا من الفوانيس التي باتت تضخ بحرارة

شعلتها الى الشارع.. البيوت فتحت ابوابها على مصراعيها لتغيير الجو المسموم.. فلا تيار كهربائي لكي يطردوا الحر عن طريق المكيفات الباردة.. الفوانيس في كل مكان فهي بدل الكهرباء الان.. وقد تعود العامة على شعلتها.

ـ لماذا تأخرت؟ سأل ـ أـ .

ـ الشخص الذي وثقت به لم يأت فأمره مشكوك فيه فلم يهاتفني مما سأضطر الى تغيير الخطه. أجابه اخوه.

ـ اذن سأرجع اليس كذلك؟ سألته.

ـ كلا وانما سنستقل سيارة اجرة وننطلق من نقطة اخرى من منطقة رحيم اوه. اجاب ـ عـ اخ المدعو ـ أـ .

ـ الا يوجد مكان آخر؟ سألته سؤالاً ممزوجا بتخوف وحالة من الارتباك.

ـ لا ولكننا سنخرج انشاء الله لا تقلق فلقد تفقدت الطريق لأيام ولا توجد كمائن.. كل الكمائن تم رفعها قبل فترة.

ركبنا في سيارة الاجرة بحذر.. المدعو ـ أ ـ كان يجلس امامنا وانا وـ عـ نجلس في الخلف نتكلم بمواضيع عادية كي لا نثير الشكوك ففي مثل هذه الظروف نحس بأننا مُراقبون.. هواجس تزور كل من في هذه الظروف وتقضي عليه.

بالقرب من معمل المشروبات الغازية نزلنا ثم استوقفني - ع

ـ وبدأ يكلمني بكلمات غير مفهومة.. حسبته يهذي ولكنه مجرد تمويه وأبعاد الظن عن ما نفعله في هذه المنطقة الخالية.. التفت ـ ع ـ يمنة ويسرة بحذر ثم قال بصوت خافت:

ـ اركض الان.

ركضنا عبر الشارع بسرعة الى الجهة التي تؤدي الى شمال العراق.. المنطقة خالية إلا من تلال وسهول وطرق وعرة شبه صحراء حتى البيوت بعيدة لا تكاد ترى إلا اضواء خافتة تراها بالكاد من بعيد. والبداية بدأت بمسيرة الركض.. خفت كثيرا ولم استطع كتم خوفي فسألته: لما نركض؟ أجابني بأن هناك كمائن حزبية على نطاق الحدود وأن هذه الليلة بالذات خطرة جدا وعلينا ان نبتعد قدر الامكان من هذا المكان بالركض مسافة لا تقل عن الف متر.

كنت خائفا لدرجة غير طبيعية فأنا تركت وظيفتي الحساسة هاربا من دولة صدام حسين وأن يُقبض علي فإن الاعدام هو مصيري الاكيد.

بعد الف متر بدأنا نخفف من سرعة الركض.. ورويدا رويدا ابطأنا الركض وأكملنا الطريق مشيا.. وبتّ لا اتحمل التعب فرجوت الرجل ان نرتاح فقال: لا مجال للراحة الان فنحن ما نزال في مرحلة الخطر بعد سويعات سنصادف مقرا للجيش حيث استخبارات الجيش تتعسكر في هذا المقر

وتُخرج كمائن مكثفة.

زاد من خوفي هذا الحديث.. وازددت بالدعاء وقراءة سور قرآنية ودعوات لله لينجينا.. مشينا بسرعة كبيرة فهذه اول مرة لي اسير في طرق وعرة وفوق كل هذا خرجت عن القانون وغدا سأصبح في سجلات الملاحقين قانونياً.

المسير المُخيف:

وصلنا الى مقر الجيش وعلينا ان نكون حذرين في اجتياز هذا المعسكر ولا بديل آخر فالأمر معقد وخطير.. فقط هي الطريقة الوحيدة التي تمكننا من خلالها المرور الى كردستان العراق ومن ثم سنكون بأمان لو شاء الله.

اوطأنا رأسينا تحسباً من ان تقنصنا عيون أبراج المراقبة.. ومن خلف التلال الصغيرة تحركنا بسرعة الى الامام كمحاولة لعبور نقاط المراقبة التي من شأنها ان تفسد علينا محاولة الاجتياز.. كان المقر بعيدا عنا حوالي بضعة كيلو مترات الا اننا نستطيع مشاهدة بعض الحراس بوضوح يتسامرون فيما بينهم.. واصلنا المشي اكثر من ربع ساعة تخللته استراحة قصيرة.. كنا نحرص على العبور بسلامة والحفاظ على الهدوء لعل الله يفرج علينا هذه الليلة.

بعد أن ان اجتزنا المقر ببضع كيلو مترات خففنا المسير السريع وهمس بأذني سنرتاح بعد بضعة كيلومترات إلا ان بنطالك الحبري كان مريبا قليلا.. الحمد لله تجاوزنا المصاعب الان وسيكون باستطاعتي ان ادخن سيكارتي بعد ان اخفي نارها بيدي.

لمحنا في الطريق سيارة مكشوفة.. بانت لنا بأن صاحبها ترك الانوار مضيئة ولكن بعد ان استكشف ـ ع ـ الوضع تبين بأنها متروكة في العراء والضياء كان مجرد انعكاس ضوء القمر عليها.

نحتاج الى ان تسترخي اجسادنا خلف تله صغيرة بعد طول مسير ولاسيما الخوف قد هدّ قوة الجسد أكثر من المشي.. باشر ـ ع ـ بالتدخين فقال: انت جريء.

ـ كيف وانا خائف؟ أجبته.

ـ انت شهم لم تتقبل كرامتك الرضوخ للمغريات رغم حسب علمي أنك الآن مؤهل لرتبة ضابط.. فليس الكل مثلك.

أراحني قليلا ثم عاد ليقول:

ـ أعطني الان مسدسك.

أخافني كثيرا هذه المرة ولاحظ هو تغير ملامح وجهي

بسرعة.. ثم قلت بصوت مرتبك:

ـ وما حاجتك للمسدس ألسنا بأمان كما تقول؟ تساءلت بصوت ممزوج بالخوف وعدم الثقة هذه المرة.

ـ نعم.. أجاب وواصل قائلا: انت حملت المسدس نصف الطريق لسلامتك وأنا سأحمله نصف الطريق لسلامتي فلربما سأصادف من اعرف من المهربين ولا اعرف ما سيبدر منه وما سيدور بيننا من كلام فأنا لدي خصوم.

ـ اخفتني كثيرا.

ـ لا.. قالها ضاحكا ثم واصل ـ.. لا تفزع فقط للاحتياط ولا تقلق لن استطيع تركك في العراء او حتى افكر بقتلك.. فالمسئولون في كردستان ينتظرونك اقولها لكي يطمئن قلبك.. فأنت مهم الان بحوزتك معلومات امنية فأنت لست شرطي.. بل رجل أمن السلطة الكبرى والأولى في العراق.

أعطيته المسدس بثقة ثم قمنا لنكمل المسير.

كل خطوة نخطوها كان يشير بأصبعه الى واقعة قتل حدثت مع رفاقه وعناصر ألآستخبارات.. ثم قال مستذكرا حادثة قديمة:

ـ كاكا رياز (اي الاخ رياض) هناك قَتلوا اصدقائي وهنا قبضت علينا كمائن الاستخبارات وقتلت من قتلت وأخذت

الباقين الى الاسر وكنت انا من بينهم.

هذه المرة لم اخف وحسب بل نشف دمي وأحسست ان اقدامي تفضل الرجوع الى المديرية ثم واصل:

ـ هناك كنا جالسين في أحدى الايام فصادفتنا قوة استطلاع قتلت صديقي على الفور، اما الباقون فمنهم من كان محظوظا.. ومن سقط في ايديهم لم نراهم بعد ذلك.. انظر الى هذه الحفر فهي كانت للكمائن وسنرى المزيد منها لاحقا انها متروكة لا تقلق.

ـ بالله عليك كيف تأكدت بأنها متروكة؟ تساءلت بخوف، فهستيريا الهلع بدأت تضربني.

ـ هي كذلك فقبل ان نخرج استطلعت المكان جيدا وسألت المهربين عن الطُرق والمسالك الآمنة الى كردستان.. فأنا لا اجازف لا بحياتي ولا بحياتك اخي العزيز.

وصلنا الى تلة كبيرة تفصلها عنا واد واسع وعميق ترعى فيه الاغنام التي غطت التله وبدأت الكلاب بالنباح، قال هذه اغنام تعود لأقرباء صدام حسين وسنرى البدو نائمين في الطرق فلا تخاف لأنهم اصدقاؤنا.. ونستمد منهم يد العون في كل مرة.

ـ متى سنصل؟ سألته.

ـ لقد بدأنا المسير التاسعة مساء والآن هي الثالثة صباحا سنصل الخامسة والنصف حدود منطقة جم جمال ثم تعلن عن لجوئك هناك لتحصل على الجنسية الكردية. ثم أطلق قهقهة خافتة.. ولكن بدون خوف او حتى لم يحسب حساب أن يسمعه رجال الدوريات التي تنتشر في المنطقة.

ضحكت فقلت: هل نحن الان مسموح لنا ان نتكلم بصوت عال؟ اجابني: بنعم. اراحني كثيرا اذ لا خطورة علي اذن.. مررنا بجانب خيام البدو فسلم ـعـ على احدهم كان نائما في العراء وبكل أمان:

ـ سلام عليكم هل هناك مفارز او كمائن في الطريق؟

اجابه البدوي:

ـ مروا بسلام... ـ ثم أخلد الى النوم وكأنها حالة استمرارية لا تدعو الى القلق.

ثم بادرني بالقول:

ـ هؤلاء طيبون اذ ليس كل العرب ظالمين فاغلبهم اخوتنا وغير راضين عن حكم الدكتاتور، فها انت مثال بسيط على ذلك ولو رأيت كردستان كيف هي مليئه بضباط عسكريين كبار فروا من صدام ويتجولون بلباسهم العسكري بحريه بعد ان سلمّوا أنفسهم لحكومة اقليم كردستان.. ثم قال بقليل من

الغضب وعدم الرضا:

فقط مسعود البرزاني خائن فهو يسلم كل هارب سياسي الى صدام حسب اتفاقية بينهما.

ـ هل اقدر ان اهرب الى سوريا فأنا لي شخص اوده يسكن حلب؟ سألته بخيبة أمل عسى أن أجد جوابا شافيا.

ـ مع الاسف لا.. الطريق الوحيد هو ايران ومن ثم الى تركيا وتسلم نفسك الى الامم المتحدة وتعلن لجوءك ثم ينقلونك الى الدوله الى ترشحها للذهاب اليها فهكذا يفعلون الان وعليك بالإسراع.

ـ نعم كل مستنداتي معي وانشاء الله سأصل الى بلد الامان. قلت بثقة عالية.

قاربت الساعة الخامسة والنصف صباحاً.. ووصلنا بالمسير الى مكان يكسوه الحصى مما اثار صوتاً عالياً اثناء المشي عليه سألته:

ـ اليس هذا الصوت بكافي على ان يكشفنا.

ـ لا.. صاح بفرح... وصلنا الى الحرية تستطيع أن تغني كما تشاء فاليوم انت حر.

قفزت من شدة الفرح حيث غمرتني نشوة النجاة ولأول مره بعد سنين من ممارستي وظيفتي كرجل امن.. ها أنذا

سألبس لباس الطمأنينة والمدنية ولربما سأرجع الى الكتابة وأمارس حقوقي المدنية في بلد اخر وفي ظروف أحسن.

جلسنا داخل سيارة محروقة ومتروكة على حافة الطريق الترابي ثم قال:

ـ سننتظر احد المهربين ليقلنا بسيارته.

اليوم الاول في كردستان

ربيع ١٩٩٩ . نيسان:

هاهي كردستان... وصلتها في صبيحة ٢٤- ٤- ١٩٩٩.. أحسّ بأنّ هواء الحرية له طعم خاص يختلف عن السموم التي استنشقتها من قبل.. نسمات عذبة من هواءْ الشمال الأشم.. فالبيوت رغم بنائها البدائي إلا انني ارتحت عندما شاهدتها لأنني احسست بوجود اناس رحماء.

- ساخذك الى بيتي لتأخذ قسطا من الراحة الى ان يأتي - أ - ليأخذك الى بيته.

دخلت بيته فاستقبلتني زوجته باستقبال جميل ثم اعدّتْ لنا الفطور.. احسست بالتعب ينخر بأعضائي.. الوجع والوهن ثمّ النعاس.. فاكتفيت باحتساء الشاي ثم الخلود الى النوم.

ـ استيقظ (قال ـ أـ مبتسما) لقد جئت لأخذك.

حاولت النهوض ولكنّ التشنج في ساقي وأوجاع الجسم التي تقصم الصحة منعتني من القاء تحية السلام عليه ثم ربت ـ أـ على كتفي بابتسامة اشفاق.

ـ سنغادر الان الى بيتي، فقط ارتاح لا تحاول التفكير فكل شيء على ما يرام.

لم تكن حالتي تساعد على الكلام، فما زلت أعاني من الاوجاع والتيبس في أضلاعي وتشنجات قاسية.. نهضت بصعوبة بالغه وبدأت اعرج في المشي نتيجة أوجاع الجسد المؤلمه.

ـ انت عندك تشنجات.. لست متعودا على هذا الطريق لأنك لم تواجه قساوة الحياة بعد فهذه ربعها.

ـ امل أن لا أرى الوجه المتبقي من القسوة فما أنا عليه يكفيني.. ـ أجبته ـ .

تحدث قليلا مع زوجة اخيه ثم طلب مني توديعها بالعربية وسيتكفل في ترجمة ما سأقول لها بالكردية.. غادرنا المنزل متجهين الى بيت ـ أـ وكأنني في كابوس لا يرضى ان ينتهي ولن ينتهي.. هكذا بادرت القصة في ذهني.

وصلنا الى بيته فكانوا بانتظاري أمّا زوجته ـ ف ـ الوحيدة

من تتكلم العربية.. عبرت عن فرحتها لرؤيتي ثم سلمت على أهله.. قبلت ابنه الصغير ذا السنة والنصف.. أشقر وجميل يختلف عنهم تماما.. دعاني الى الجلوس في غرفة الضيوف وأوصى اهله ان يجلبوا لنا الغداء فورا لأنني لم اكل شيئا منذ البارحة.

بعد الغداء والراحة سألته:

ـ ماذا سيكون مصيري ومصير اختي؟

ـ اختك ترفض المجيء الى هنا عندنا عيون تراقبها ولكن لو حبسها أمن النظام فستتعقد الامور كثيرا، اما انت فسيقابلك مدير أمن جم جمال وسيسألك بعض الاسئلة العادية التي تخص وظيفتك الأمنية كما أنت وعدتهم.. وأنا سأتكفلك وانقضى الامر.. وبعدها ستقرر ان كنت ترغب بمغادرة العراق او البقاء في كردستان.

ـ اتمنى ذلك، على فكرة مسدسي مع اخيك.

ـ لا تقلق سأحضره وأبيعه لك فهنا لا يضيع حقك، أنتَ في مكان آمن ولست بين الوحوش.. هنا كردستان.. كل شيء مختلف وأكثر الناس طيبون.

مضت ليلتان في بيت ـ أـ ارتاحت سريرتي قليلا فزوجته طيبة للغاية ووالدته وأختيه كانتا فعلا تبديان الود معي وخصوصا وأنا لا اجيد الكردية فلأمر كان محرجا بالنسبة لي..

الليله الثالثة كانت مزعجة ومرعبة كانت كافيه لأفقد توازني.. استيقظت على اصوات طلقات نارية كثيفة وكأننا دخلنا في هجوم مباغت.. خرج ـ أـ وشقيقه الاصغر من الغرفه ثم قلت له بخوف:

ـ هل هذا هجوم صدامي كما توعدكم قبل فترة في استرجاع جم جمال ام ماذا؟

ـ لا تخف سأرى ما يحدث وأخبرك.

ـ انشاء الله.. هذا كل ما تفوهت به.. بكلمات ممزوجة برعب شديد، فلو صح ان دخول صدام لكردستان تزامن مع دخولي لكردستان فهذا يعني ان حظي عقيم وليس فقط عاثراً.

نزل ـ أـ وأخوه عطار ليُطمئن اهل بيته بالكردية ثم قال لي:

ـ انها تصفية حساب بين عشيرتين اخلد للنوم.... ضحك بصوت عالي وذهب ليكمل نومه وكأن مشاهد الحروب عادية في كردستان.

استغربت ثم تساءلت مع نفسي: تصفية حساب؟ اذن اين الدولة؟

لم انم من شدة اصوات رشق الرصاص والصياح الى حين شروق الشمس.. وبعد ان هدأت الامور اغمضت عيني ونمت ولا أدري ما سيكمن لي غداً.

التحقيق:

جاء احد منتسبي الأمن التابع الى مديرية أمن جم جمال ـ نوزاد ـ .. يتمتع بخفة ظل بشوش الوجه له شارب هتلري الشكل.. دعاني الى الغداء.. ما أفرحني فعلا أنه يجيد اللغة العربية وان كانت الحروف التي ينطق بها مبعثرة وغير منظمة.. فقال لي نوزاد بانّ مدير الامن يريد ان ينهي معي قضية التحقيق.. وسأكون حُراً طليقاً. لم تسرني الأخبار كثيراً لأنني احسست بأنني سأواجه مصاعب أكثر، فليس من المعقول أن يُترَكَ رجل أمنْ بسهوله دون عصره والحصول على كل ما أملك من معلومات أمنية.. إلا انني كتمت الموضوع.

استقلينا سيارة اللاندكروز من بيت أ ـ الى المديرية وكان المدير بنفسه جالساً في المقعد الأمامي.. اضافه الى بعض من عناصر حمايته.. يستمعون الى أغاني الفنان الراحل ـ ناظم الغزالي ـ كان الطرب مسيطراً عليهم.. رحب بي المدير ـ كاكا عادل ـ وقال لي ان التحقيق سيستمر معي لساعات ثم اكون حرا في مناطق كردستان وشكرني جداً على ثقتي به.

بعد وصولنا الى مقر المديرية رحبّ بي الضابط المسؤول علي في التحقيق.. كان نحيلا وطويل القامة قليلا ثم قال:

ـ اهلا بك سيد رياض لا تقلق فأنت في امان وتأكد انك في أمان هنا.. ولا تخف فنحن في اقليم ديمقراطي، والكثيرون

هنا امثالك من ذوي الوظائف الحساسة نستقبلهم ونعاونهم على نيل حريتهم.

ـ لست قلقا فالسيد جلال الطالباني معروف بكرمه وأتمنى له الصحة دائما وأنا لم امدح رئيسا بهذه الطريقة من قبل إلا لأنني احبه فعلا، وليس ما اقوله خوفاً أو تملقاً. ـ أجبته بثقة عالية ـ ـ .

بدأ التحقيق معي وكان وجه المحقق باسماً.. هيئته تدل على انه يتمتع بأخلاق جميلة.. فلم أبخل اثناء التحقيق بتزويده بأي شيء عن الأسرار الأمنية.. عدد الاسئلة كانت حوالي ١٥٠ سؤالاً لم اتوقع ان يكون المحقق بهذه الفطنة فأنا عملت مع اناس مختلفين في التحقيق ولم أرى مثله في اسلوب الكلام واللطف إذ لم يكن متصنعا بل بالعكس كانت تلك حقيقته الأكيدة.

سألني سؤالاً اتذكره عن خطط صدام حسين بخصوص صحة نيته لاسترجاع كردستان اجبته:

ـ لولا امريكا لاسترجعها فهو بعد حرب الكويت استرجع العراق من زاخو الى البصرة وانسحب من كردستان بضغط أمريكي، والآن لو أراد هو لاسترجعها بساعات إلا ان امريكا المانع القوي في هذا الموضوع.

حرك رأسه مؤيدا لجوابي.. اكملت شرب الشاي.. ثم قال لي:

ـ نوزاد سيحضر ليأخذك للغداء وبمجرد اكمال اوراقك ستكون حرا وسيكون بإمكانك اصدار هوية احوال شخصيه تخص كردستان العراق لتكون حرا وتتمتع بحقوق المواطنة على هذه الأرض.

صافحته ثم هممت بالانصراف ثم شكرته على حُسن المعاملة والخُلق.

ـ نحن من صنف واحد إلا اننا لا نقمع الشعب بل نساعدهم، اما انت اخ رياض فأخلاقك كرجل دعتك لأن ترفض حكم الدكتاتور وتغامر من اجل نيل حريتك والعيش الكريم فهنيئا لك.

غادرت المديرية راضياً.. ثم دخلت سوق جم جمال الشعبي فرأيته منقسما الى نصفين النصف الاول يبيع الاسلحة بكل اصنافها حيث البنادق والبي كي سي تغطي الارض وصناديق من الرمانات اليدوية بصنفيها ـ الدفاعية والهجومية ـ تملأ أرضية السوق.. والنصف الثاني مواد غذائية معلبه وغيرها من الاصناف التي لم أرها في حياتي.. استغربت وقلت لنوزاد:

ـ كاكا هذه ديمقراطيه رائعة فعلا.

ـ نعم كل شيء موجود حتى لو اردت ان تتفرج على افلام اباحية فهناك كازينو مخفي يفي بهذا الغرض.

ـ اشتقت للنساء الا انني في وضع لا اشتهي ان اضاجع احداهن فما زلت قلقا على نفسي وعلى اختي وولدها.

ـ لا تقلق عش حياتك. ابتسم في وجهي ثم قصدنا المطعم، فرائحة الأكلات مزقت انسجة الأنف وعضلات البطن تهاوت مع رائحة المرق والرز واللحم والكباب والى آخره من أكلات كرديه صُنعت من الدهن الحُر الخالص.

شاهدت قدرة الناس في كردستان المالية والمعاشية على شراء اللحم والفواكه.. اما في المناطق التي يسيطر عليها صدام حسين فالشعب هناك فاقد الضحكة.. وليست هناك اي من اثار المرح مرسومة على وجه المواطن المنهك.. اضحت المدن مُغبرة لا حياة فيها وان العراقي حُرم من ابسط حقوقه، فالفقر حال بينه وبين احلامه البسيطة.

رجعنا الى بيت ـ أ ـ اذا فعلا احسست براحة في هذه القرية الصغيرة فكل شيء رخيص ساندويش شاورمة بدينار، بينما في بقية مناطق العراق التي تخلو من العملة الأصلية.. حيث ان اصغر عملة هي ٢٥ ديناراً طبع عراقي محلي.. أما

ساندويش الفلافل فلا يقل من ٢٥٠ دينار وما ما يتقاضاه الموظف ليس اقل من ٣٠٠٠ دينار مطبوعة محليا من الورق العادي اي يعادل ٣٠ ديناراً في القسم الكردي الذي مازال محتفظا بالعملة السويسرية القديمة الرسمية.

اعتقالي في سد مديرية أمن دربندخان:

بعد أيام جاءني ـ أ ـ بخبر مريب لم يلقَ ترحيبا في نفسي وهو ان مدير أمن دربندخان يريد ان يقابلني لأمر هام، فهو المرجع الاعلى لعادل مدير أمن جم جمال وهناك اسئلة تحتاج الى توضيح اكثر ويجب علي ان أحضر ذلك التحقيق.

ـ حمه سور هو من سيُدير التحقيق معك.

سور يعني احمر بالكردية ولقبوه بهذا اللقب لاحمرار وجهه.. قلت في نفسي ـ اذن أمري لله ـ لم اكن مرتاحا لهذا الموعد فأحسست أن هناك لعبة غير نظيفة سأواجهها معه. في اليوم التالي صعدنا السيارة الخاصة لمديرية امن جم جمال وتوجهنا قاصدين امن دربندخان، وهناك قابلت ضابط التحقيق وكان سلوكه غاية في الرداءة.. وبدأ بالتحقيق معي بفاتحة لا تسُر:

ـ لقد قتلتمونا لسنين وهذه صور حلبجة على الجدران فهي

وصمة عار على نظام صدام. ـ قالها بغضب واستنكار مشيرا لصور الضحايا المعلقه على الحائط.

ـ من فعل ذلك صدام وجيشه، اما انا فكنت طفلا قاصرا في السنة ـ ١٩٨٨ـ ولست مسؤولا عن تصرفات غيري.

ـ ارني محفظتك. قالها غاضبا.

ثم بدأ يقلبها بحقد داخلها وخارجها ثم قال مخرجا بعض صور الفتيات العاريات:

ـ اين تظن نفسك ما هذه؟

ـ اعتقد انك رأيت جيدا ماهذا.. ثم هذه خصوصيتي.. انت عليك بالتحقيق الذي يهم امر البلد، وهذه صور الفتيات لا اعتقد انها ستمس أمن البلد صديقي العزيز هناك اشياء اهم من الصور.. أعجبتني الوجوه فاحتفظت بها وأعتقد أن كل شاب يفعل ما أفعله.

ـ سأصادرها. ـ قالها غاضبا ـ .

ـ صادرها لو كانت مصادرة هذه الصور تحل مشكلة البلد ولكن بعيدا عن منزلك. ـ قلت بسخرية ـ .

بعد انتهاء التحقيق تلقى المحقق اوامر باعتقالي في الزنزانة التي تقع تحت الارض لحين التحقق من صحة اقوالي.

ـ سوف تكون ضيفا عندنا وبنفس المكان الذي سجن

صدام عوائلنا.

لم اتكلم فلا فائدة من الكلام مع عقول متحجرة همها الانتقام، نزلت الى الزنزانة.. وكانت جديدة من الداخل مما يدل على انها قد انتهت من اصلاحات البناء حديثا.. شاهدت في داخل الزنزانات ضباطا ومراتب عسكرية سُجنوا معا الا ان السجان قال انه سيسجنني لوحدي لسلامتي الامنية.

دخلت الزنزانة وجلست في زوايتها وأسندت رأسي على الحائط لأتأمل ما وصلت اليه حالتي.. فكلي يقين ان ـ أ ـ لن يتركني على حالتي أواجه قسوة الذل.. نعم فهذه مذلة بعينها ان تُعامل في وطنك كمجرم.. اذن كيف يريد من يحكمنا ان نكون وطنيين وحكامنا يعاملوننا بكل ظلم ويهيونننا رغم ان ثرواتهم هي منا.. الرئيس هو مافيا ولكن تحت تسميات مختلفة تحميهم قوانين صارمة.

الاكراد جيدون ولهم مواقف عرفتهم بها لم أرها تبدر حتى من العرب أنفسهم.. فالكردي له شيمة وأصالة واعتزازه بالكردية ورغم ما لاقوه من تنكيل وقتل من الطاغيه صدام حسين الا انهم مازالوا يحتضنون العرب الفارين من نظام البعث ويوفرون العمل للعرب في ذلك الوقت في الحقول وغيرها بل حتى يتزوجون هناك. لم احس بالغربة معهم فاغلبهم تسكنهم الطيبة.

في اليوم الثاني دخل معي الى الزنزانة شاب كان حسن الشكل في العشرينات من عمره سلم علي وجلس متكئا على الحائط ثم حان وقت الغداء فاحضروا لنا غذاء فاخرا من مرقه البامية ورز ابيض ذي منظر شهي ولحم في اطباق نظيفة وكأننا في هوتيل فخم، تذكرت مديريات الامن عندما كانوا يصبون الزيت المغلي في قدر ماء كبير ثم يخلطون بعض الطماطم والبصل ويقدمونه بعض الاحيان بدون رغيف الى المعتقلين في سجون صدام.. وحتى الرغيف لم يكن يتجاوز كف اليد ولونه اسمر حالك مخلوط بأشياء اخرى غير الطحين العادي.. والذي لا يُشبع ولا يغني من الجوع.

أكلنا وشبعنا ثم أخذت قيلولة بعد ان احسست بثقل ونعاس.. نفس الحالة تكررت وقت العشاء.. فالوجبات مختلفة بل وأحسن عن سابقتها. سألني الشاب عن جريمتي فأخبرته عن نفسي بأنني كل ما احتاجه هو الكفالة داخل كردستان وفقط انتظر الكفيل وأعمل أعمالا حرة، اما هو فهو مهرب اثار حاول بيع قطع أثرية الى أناس من خارج العراق أو المناطق التي تسيطر عليها حكومة مسعود البرزاني المُعادي لحكومة جلال في ذلك الوقت. الا ان سوء حظه صادف انه كان يتعامل مع أشخاص من الجهاز الامني التابعين لحكومة جلال وكانوا متخفين في شخصيات وهميه لإيقاع الفتى في

الكمين وتم القبض عليه متلبسا، ولكن لن يُحاكم لو ارجع قطع الاثار هذه هي فرصته الوحيدة لكي يسقط الحبس عنه. استغربت فحكومة كردستان تتساهل حتى مع المهربين.. تحت مسميات الديمقراطية أو بالأحرى فكردستان حديثة العهد ولا تريد حكومتها ان تبني دولتها على القمع.. ولكنها بالوقت نفسه لا تتساهل مع الارهاب.

كان الحديث ممتعا معه الى ان غادر السجن بعد ان خرج بكفالة ثم استضافت زنزانتي صائغا يجيد العربية وكان محترما في حديثه ولم تمض ايام معدودات حتى افرجوا عنه. يا لسهولة الافراج هنا ولكن ماذا عني؟

كنت افكر كثيرا بلينا وحزنت اكثر عندما علمت ان لا سبيل للوصل الى حلب ثم اليها، فالجانب الذي تسيطر عليه الحكومة الكردية لديها اتفاقيات مع صدام لإرجاع المطلوبين للقضاء.

تذكرت اثناء فترة عملي في مديرية امن كركوك ـ شعبة القيود بالتحديد ـ عندما كنا نستلم برقيات يُعلموننا بأسماء اشخاص قد تم ترحيلهم من تركيا الى زاخو ـ الأراضي العراقية ـ لغرض التدقيق في اسمائهم فيما لو كان بينهم مطلوبون للنظام العراقي أم لا.. وكان هذا احد الاسباب في عدم اختياري اربيل لغرض الأقامه بعد هروبي من القسم البعثي.

بقيت وحيدا ولا املك سوى ملعقة طعامي بين يدي.. نظرت الى الحائط الابيض وكان حديث البناء وتذكرت كلمات اغنية للمطرب عاصي الحلاني.. كنت انا ولينا نتذاكرها في رسائلنا.. وهي:

لو تدري بيا شصار كل الذنب بهواك

زرعوا القلب بالنار حتى القلب ينساك

وعذبوني ودمروني وجرحوني وجرحوك

خططت هذا على الحائط ومن ثم ختمتها بإسْمينا ـ ـ .

لم تمر الامور بسهولة كما اعتقدت.. فما ان دخل السجان القروي ورأى الحائط مشوهاً لم يغفر لي وكاد ان يركلني بغضب ثم صاح علي ونعتني ـ بالعربي الكلب ـ ثم أبلّغ الرائد مدير السجن ليريه رذاذ الغبار الابيض المتساقط على الارض وظن انني كتبت شعارات معادية ضد الدولة الكردية.

أتى الرائد وقرأ ما هو مكتوب ثم صاح بوجهي:

ـ ستبقون كلاباً أنتم هكذا ولا تتغيرون.. من الذي عذبك ودمرك أتكتب هذا الكلام علينا بعد ان ساعدناك وأنقذنا حياتك من الدكتاتور ايها الوغد.

ـ لم يعذبني احد ولكنها اشعار كتبتها فقط عن حُسن نية وفعلا اقدم اعتذاري لكما.

ـ للتو تم اعمار هذا السجن وأنت كتبت ترهاتك لتخرب علينا الاعمار.

ثم توجه بالكلام الى السجان:

ـ خذه الى التواليت واسجنه الى أن يحين وقت العشاء كعقوبة له.

اقتادني السجان ورماني في اصغر حمام بالكاد استطيع الوقوف فيه لضيق المساحة ولم يسعني الا الابتسامة واعتقد ان الحياة هكذا لن تنتهي.

في اليوم السابع تذكرني حمه سور المدير ثم زار السجناء ووقف امام زنزانتي وسألني بتكبّر:

ـ هل انت رجل الامن الذي حل ضيفا علينا مؤخرا؟

لم يعجبني اسلوبه بل واكد لي غباءه لانهم حذروني بادئ الامر من اخفاء هويتي عن كل شخص في المعتقل او خارج المعتقل وذلك لضمان سلامتي.

اكتفيت بالإيماء برأسي فانا لست وحيدا في السجن.. والآن افتضح امري من قبل ذلك المدير الغبي.. نظر السجين الي وبدأ يصغي باهتمام كبير لما يدور بيني وبين مدير الامن.

ـ أذن اكتب لنا كل اعترافاتك هنا وسنعطيك اوراقا لتدون ما لديك أو سأعدمك الان.

ـ الاعدام تصدره المحكمة ولست انت..

ـ نحن هنا دولة وأنت مجرد هارب أكتب ما طلبناه. ـ ثم غادر ـ ـ .

ـ أ أنت رجل امن..؟ سأل الرجل المعتقل بفضول.

ـ هل من اعتراض؟ ـ أجبته بامتعاض ـ ـ .

ـ كلا كلا ولكنك لم تخبرني أبدا عن نفسك وشدني الفضول الى أن اتعرف على قصتك.. فللعرب قصص عجيبة وعندما يقدمون الى كردستان يروون قصصاً عجيبة عن قمع النظام وأجهزته الأمنية لهم.

ـ ارجو ان تهتم بمشاكلك ولا تسال اي شيء عني فأنا رجل عادي. ـ

حاولت أن اتخلص من فضوله. غضبت من معاملة المدير الغبي الذي لولا ظروف ساعدته في الترقية الى رتبة مدير لكان الآن في الجبال مُطارداً.. بعد أيام رأيت صدفة شخصا يُدعى غريب نزل الى داخل الزنزانة لزيارة شخص وناديته.. لم يتأخر الرجل في تلبية ندائي.. جاء لكي يعبر عن فرحه لرؤيتي:

ـ الحمد لله رأيتك فالكل قلق عليك ولا احد يعرف اين انت.. حمه سور اخبر الجميع بأنه قد تم الافراج عنك وفق أوراق ثبوتية، وقال أيضا انك طلبت منه المساعده للذهاب الى

ايران.. الحمد لله انك مازلت هنا يا الهي لا أصدق ما أرى.

ـ لماذا الا يعلمون اني هنا؟ تساءلت بكل استغراب.

ـ لا احد يعلم اين انت حتى كاكا عادل مدير الامن، لا تقلق سوف اخبر ما رأيت ولكن مدام الأمر كذلك انصحك بأن تترك الباقي علي.

ـ تغيرت ملامح وجهي ثم قلت: أيعقل ذلك؟ انا هنا منذ ١٠ ايام ولا أحد يتكلم معي أو يخبرني عن مصيري.

اخرج من جيبه ١٠٠ دينار عراقي ـ العملة الاصلية ـ وناولني النقود مبتسما.. ثم قال ستحتاجها ولحسن الحظ السجان صديقي ولن يخبر احداً انني رأيتك وسأوشي الخبر ل ـ أ ـ لكي يتخذ الاجراءات اللازمة لإخراجك خصوصا بعد ان علمت مكانك فلا تقلق.

شكرته كثيرا فالمبلغ كان يكفيني لأيام، كنت منفعلا وبنفس الوقت مرتاحا لان هذه الصدفة كانت السبيل الوحيد لإنقاذي من مشاكل مخفية.. وأيضا حتمية وخصوصا بعد ان تأكدت من كلام السيد غريب حول حقيقة اختفائي.

بعد يومين افرجوا عني بأمر من السيد مدير امن السليمانية الذي غضب على حمه سور وعلى طريقته القذرة في اخفائي بدون سبب واتضح بعد ذلك انني كنت ضحية منافسة بينه وبين عادل من اجل أمور تخص بالنشاطات الأمنية التي

تُسجّل لهم.

ثم استقليت سيارة أجرة مع المأمور لنتوجه الى مقر مديرية أمن السليمانية.

أيامي في مديرية امن السليمانية:

دخلت المديرية ولكنني بدأت احس ببعض الارتياح استقبلني مدير السجن قائلا:

- اهلا بك اخ رياض الحمد لله انك بخير لقد وصّانا عليك المدير بنفسه.. سنعتبرك ضيفا ولست سجينا فلا تقلق.. والغاية هي لنضمن سلامتك الامنية وإخفائك عن عيون ازلام صدام التي تسرح في كردستان، فقط ستغير اسمك وتحافظ على سرية شخصيتك بين النزلاء وان لا تثق بهم لان اغلبهم جواسيس يعملون لصالح مسعود البرزاني الذي يزوّد النظام العراقي بكل ما يريد من معلومات وتسليمهم المطلوبين السياسيين وغيرهم.

- اطمئن أنا وأثق من كلامك.. وأشكرك لحسن استقبالك.
- أجبته مبتسما.

- لا تشكرني، على فكرة سنحقق معك لآخر مرة لكي نُكمل اسئلة التحقيق معك.. الملازم احمد يجيد العربية وكل

شيء ستدلي به سيساعدنا في عملنا الامني.

جاء المأمور لكي يقتادني الى الزنزانة.. طرق باب النزانة ومن خلال النافذة الصغيرة على الباب فتح السجان الباب ليتأكد من الطارق قبل ان يفتح، له نظرة حادة لون عينيه ازرق لا يتماشى مع لون شعره الأسود يتظاهر بأنه مجرم وله شخصية هزلية ومما اثار ضحكي هو تحدثه بالعربية فقد حول المؤنث الى مذكر والمذكر ألى مؤنث وينطق الضاد والذال كالزاي.

ـ من؟ سأل من وراء النافذة الصغيرة. ـ وعندما تأكد منّا فتح الباب على الفور ـ .

ـ هذا رياض وقد اخترنا له اسماً مستعاراً وهو ـ احمد علي ـ لضمان سلامته الامنية. قالها المأمور للسجان ثم غادر.

ـ إذن انت المجرم رياز؟

ـ مجرم هل تعتقد أنني مجرم؟

ـ كلكم شاركتم بقتلنا والآن تحاولون تدمير كردستان بقدومكم الوحشي وطلب الأمان هنا.

ـ اعتقد ان كردستان جزء من العراق ويحق لنا العيش اينما نشاء.

زجرني بغضب: اسكتي يا قاتل دعني افتشك قبل الدخول.

فتشني بحزم مع شخص آخر ثم قال محدثا زميله:

- هؤلاء العرب يستحقون القتل. ثم نظر الى محفظتي وقال لديك ١٠٠ دينار لا تقلق لن نسرقها كما كنتم تفعلون بالمعتقلين.

ثم همس لي محذرا:

- اسمعي جيدا انتِ اسمُكِ الآن احمد، ثم رفع صوته غاضبا:

- والله ثم والله لو كشفتَ اسمكِ لأحد من المعتقلين سأعدمكِ مفهوم.

- اومأت برأسي مبتسما ثم اجبته:

- لا تقلق كل شيء سيكون على ما يرام كاكا.

دخلت السجن وتعرفت على من فيه، اشخاص مختلفون عرب واكراد قضايا مختلفة احدهم مُسن ورسخ يده اليمنى مقطوع وما زال لديه الامل في الحياة رغم انه فقد اسنانه ولكنه كثير الكلام والكذب الا انه مرح.

احدهم سُجن في المخابرات الايرانيه ٥ سنوات ومن ثم افرجوا عنه للاشتباه في انه جاسوس ومازال يحمل علامات التعذيب على ظهره رغم مرور فترة طويلة على خروجه من سجن المخابرات وتم تسفيره الى سجن الامن في كردستان العراق.

أما الوجه البارز الاخر فهو مدرس ثانوية يحمل اثار ضرب على ظهره، يسكن السليمانية التي كانت تحت سيطرة حزب جلال الطالباني ويعمل مُدرسا في اربيل حيث مركز حكم مسعود البرزاني الحزب المعارض آنذاك لجلال.. فالاثنان يتمتعان بسلطة منفردة داخل اقليم كردستان والمعروفان بعدائهما لبعضهما البعض. وحسبما ذكر المدرس في سرد قصته لنا كانت كالأتي: تأخر المدرس عن تصليح دفاتر طلابه فقرر ان ينجز ما تبقى من عمل في بيته وفي نقطة التفتيش اشتبهوا بأنه جاسوس عميل لصالح حزب جلال الطالباني.. وعندما ضبطت الدفاتر المدرسية في حوزته ظنوا بأنه يُهرب خطط التدريس الى الطرف المعادي.. فأوسعوه ضربا ثم نقلوه الى سجنهم لينال نصيبه من التعذيب، وعلاوة على ذلك تم طرده من وظيفته.. وبعد ثبوت براءته نقلوه الى سجن السليمانية لكي يُكمل اجراءات خروجه من السجن بعد أن يتم التأكد من براءته.

في اليوم الثاني طلبني الى الحضور في مكتبه الملازم احمد، رجل في الخمسين من العمر قصير القامه فاستقبلني بابتسامة أحسست انها ابتسامة مصطنعة لا اكثر.. فكل من يبتسم في وجهك من الامن يحاول منحك إحساساً بالاطمئنان لكي تفيض بكل ما عندك من الاعتراف اراديا هذه وسيلة من

احدى وسائل التحقيق القذرة.

بدأ التحقيق معي.. وكانت الاسئلة لا تقل عن ٢٠٠ سؤال او اكثر.. سألَ عن كل صغيرة وكبيرة.. وعن اضابير وملفات الاستخبارات والمخابرات التي كانت بحوزتي طوال فترة عملي كرجل أمن في محافظات العراق وما شاهدته وتعلمته من اساليب التحقيق وعن كل امور وقضايا تخص الملفات الأمنية والسياسية ضمن عملي خلال هذه السنين.

بعد ان انهكني التعب من كثرة الأسئلة التي وجهها لي.. سألني سؤالاً غريباً اثار سُخريتي.. قائلا:

- ماهي علاقتك بحسين كامل ابن عم صدام حسين وصهره؟

- هل انت جاد؟ - سألته باستغراب.

- ولم لا. أجابني بثقة.

- لا أعرفه.. ولم تربطني اي علاقة بأي احد من الاسرة الحاكمه سواء من قريب او من بعيد، فأنا رجل عبد مأمور عملت في الامن وأعرف عددا محدوداً من الاشخاص، ولست من المقربين لأي احد من هؤلاء لأطلع على حياتهم الشخصية.

ضرب بقوة القلم على الطاولة وقال بغضب شديد حتى

كاد ان يختنق:

- يا أخي لما هربت اذن، هل تستطيع ان تخبرني ما فائدتك اذا كنت لا تعرف شيئا عنهم؟ ماذا تعرف اذن بالله عليك؟ أنت رجل سلطه وتجهل الأمور المهمة.

- حسين كامل مات قتلوه قبل سنين وتسألني عن شخص ضاعت اشلاؤه بين التراب، اسألني شيئا اقدر الاجابة عليه وسبب هروبي لست المسؤول عنه.. فأنا حر في اختيار مصيري وأين أعيش.. اجبتكم على اكثر من ٥٠٠ سؤال وتتهمني بأني لم ازودكم بمعلومات كافية.. هل أنا بين دولة أم مافيا.

مسح الملازم عرق وجهه ثم قال بهدوء تستطيع ان تغادر وسيُخلى سبيلك بمجرد احضار الكفيل في اي وقت.. إلا أننا دولة ولسنا مافيا كما يفعل صدام بالعراق.

غادرت غير راض عن نفسي، اي نوع من الناس نحن؟ كيف تتعامل الدوائر الامنية مع البشر، ما قيمة الانسان في بلداننا، او هل بعد كل هذا نسعى للحضارة وندّعي ثقافة مزيفة نضحك بها على انفسنا.. كيف تمضي الشعوب قدما مادامت الحكومات تقبض على ارواح كل من يفكر ان يعيش بكرامته.

كنت صامتا طول الوقت في السجن افكر، وعندما سألت كم الساعة قطع الجميع حديثهم ليلتفتوا الي ظنا منهم انني سأقول شيئا مهما ثم قال لي احدهم:

- هل تعلم عندما تكلمت التفتنا اليك لنسمع ما ستقول فكثرة صمتك اثار فينا الفضول لنعرف من انت.

ابتسمت ولم اجبه، وفي اليوم الثاني صاح السجان:

- رياز رياز.

لم اجبه فقد حذروني من كتم اسمي الحقيقي وهاهو الغبي ينادي باسمي هل جُنّ ام ماذا؟ تساءلت في قراره نفسي.

- لماذا لا تجاوبين يا رياز؟ الا انادي عليكِ؟ - كان يتكلم مع المذكر بصفة المؤنث فلأكراد عندهم تتكرر مثل هذه الأخطاء الشائعة.

- انا لست رياز انا احمد هل نسيت اسمي ام ماذا؟

كلمته بعد ان اقتربت منه، أومأت له بعيني على أمل أن يعدل عن غبائه.. فالاتفاق الذي بيننا لا يسري كما يجب.

- آه صحيح اذن تعال معي سنفرج عنك.

كان ابراهيم ينتظرني في غرفة الضابط وفرحت جدا لرؤيته، تصافحنا بحرارة ثم قال لي:

- اعرف كم عانيت والحمد لله لو لم يوسف يرك في السجن

صدفة لكُنتً في خبر كان.

بعد اكمال اوراق الكفالة قال الضابط لي:

ـ قبل ان تخرج السيد معاون مدير الامن العام ـ العقيد سه ركوت ـ يريد ان يراك بالنيابة عن مدير الامن الذي سافر الى ايران في مهمة رسمية.

قابلت العقيد سه ركوت المعاون واستقبلني بكل سرور ثم جلسنا نناقش بعض الامور حول مصيري:

ـ الاخ رياض اهلا بك في بلدك كردستان العراق وقد فرحت جدا عندما افرجوا عنك وعلى هذا الاساس فأنا اعرض عليك عرضا يضمن لك مستقبلك في هذا البلد.

ـ تفضل استاذ سه ركوت.

ـ كما تأكدنا انك مؤهل لمعهد الضباط العالي في العراق ولديك خبرة جيدة في الاسلحة الخفيفة علاوة الى خبراتك في مجال الشعبة السياسية.. ونريدك معنا في استخبارات الكلية العسكرية وبلباس مدني وستشملك دورة الضباط التي فقدت فرصة اللحاق بها في العراق وستعوضها هنا.

ـ بصراحة اتشرف بهذه الفرصة الا انني لا ارغب بالعمل في هذا المسلك بعد الان اريد الحرية والتفرغ لأموري الاساسية.

ـ امور اساسية؟ حسب علمي انت تريد ان تغادر الى اوروبا

اليس كذلك؟

ـ نعم صحيح فما زلنا نعاني من تهديدات صدام ورغبته في استعادته لكردستان.

ـ من قال لك هذا نحن لدينا قوات بيشمركه مستميتة ولن تتخلى عن شبر واحد عن ارضها لهذا الطاغية الارعن.

ـ انا اتشرف بالعمل لديكم ولكن صدقني انني لا اطيق العيش هنا، فأنا اريد ان انسى العراق فلم اجد يوماً جميلا يشجعني على البقاء اكثر.

ـ لو سافرت الى الخارج (ثم قرب يده الى فمه وقبّلها) ستقبل الايادي هكذا لترجع وتحلم بفرصة العمل هنا.

ـ انشاء الله لن اصل لهذا المستوى، فتربيتي الأسريه لم تعلمني تقبيل الأيادي.. بل تربيتي علمتني ان امشي برأس مرفوع دائما.

في النهاية ودعني العقيد مصافحا:

ـ اتمنى لك الموفقية وكتاب تسهيل سفرك الى ايران سيكون جاهزا خلال ٢٤ ساعة.

شكرته على حسن المعاملة ثم خرجت من غرفته وكان ـ أـ ينتظرني في الخارج ليسمع مني ما دار بيني وبين السيد العقيد بلهفة.

ما بعد السجن:

ـ أنا الآن حُر. قلت ل ـ أـ ونحن متوجهين بسيارته الى جم جمال.

ـ نعم حُر سترتاح ثم نخطط خروجك الى ايران، عندي صديق يُدعى امانج انه الان في اصفهان مع زوجته الاصفهانية سيجلبها هنا ليستقر في كردستان ثم يرجع لكي يبيع اغراض بيته في ايران لكي يغادر الى اوروبا ويطلب اللجوء هناك.

شمال العراق او كردستان في ذلك الوقت كانت العوائل تعيش سباقا غير عادي في ارسال ابنائهم الى اوروبا لغرض اللجوء، الملايين غادروا.. منهم من وصل ومنهم من لقوا حتفهم.

وكلما كنت اسمع بفلان غادر كردستان ووصل الى لندن او المانيا كنت اتشوق لأن اجرب وأعمل جاهدا على ان اصل هذه البلاد لأحقق حلمي، زوجة اخي كانت دائما تقول بأنني فاشل ولن اكون ناجحا كأخيها الذي وصل بذكائه الخارق الى هولندا، هكذا كانت تُسمعني كلاما كالسم وتنعتني بتربية غير متحضرة.. وفشل والدتي في إيصالي الى المستوى المطلوب.

تملكتني الرغبة في ان اتحدى كلامها لأنني بالفعل قد كرهتها وكرهت اسلوبها الجاف. وصلنا جم جمال ثم نزلنا

الى بيت ـ أـ لنرتاح بعد ان اكلنا وجبة دسمة في احد مطاعم السليمانية من اللحم والرز والمرق الاحمر.

تمشيت في مناطق جم جمال، اخرُج صباحا واجلس في المقهى وأشاهد التلفزيون التركي حيث استمتع بأغانيه ثم اعود ادراجي الى البيت وقت العشاء، الى ان جاء أمانج وقابلني في امسية حزيرانيةٍ حارة.

كان شابا ملتحيا يجيد اللغتين الايرانية والعربية اضافة الى لغته الام الكردية.. اتفقنا ان نبيع المسدس الموجود عندي والتصرف بقسم من المال ليساعدنا في إكمال الطريق.. اما الباقي فسيعيلني على الذهاب الى مدينة ـ وان ـ التركية للإعلان لجوئي في الامم المتحدة حيث كانت تكتظ باللاجئين العراقيين.

اخبرني امانج بأن رفاقه في المجلس الاعلى العراقي في ايران ينتظروني ولم اكن على دراية كافيه بأوضاع ايران او ما تحتويه من مشاكل، حيث ان اغلب العراقيين من العرب، يعملون لصالح المخابرات الايرانية ولا سيما في منطقة بطهران تُدعى: كوجه مروي او كوجه عرب. اي الحي العربي.

اتفقنا على السفر الى ايران وبدأنا الرحلة من اول قرية على الحدود الايرانية العراقية.. وفي الصباح كنا في القرية التي تفصلنا عن ايران فقط خندق صغير.. الان علينا ان نقضي

ليلة في بيت اقربائه لإكمال ما ينقصنا من حوائج، وأول شيء صنعت هو انني بحثت عن الاسكافي لكي يساعدني في دفن هوية الامن ودفتر الخدمة العسكرية في حذائي لأضمن سلامتي، وجدت شخصا يقوم بهذا العمل بشكل حِرَفيْ.. وبعد انهاء ما كلفته به عدت مع امانج الى بيت صديقه وقضينا الليلة هناك.

في استضافة المخابرات الايرانية

مشينا في الاحراش طويلا الى ان وصلنا الى مكان تكسوه اغصان الاشجار وما خلف تلك الأغصان كان يجلس اناس يتبادلون اطراف الحديث ويضحكون كأنهم جالسون في بيوتهم، وما ان كشفنا ما وراء تلك الأغصان المتدلية الطويلة حتى بانت لنا مجموعة من المهربين مجتمعين في الظل ليقيهم حر الشمس.. ينتظرون اكمال عدد زبائنهم ممن ينوون الهروب الى إيرن بسيارات اللاندكروز العائدة للمهربين، حيث يبدأ المسير بقطع الحدود العراقية الايرانية متوجهة الى همدان نقطة التهريب الاخيرة.. حيث لا شيء يهدد المتسللين هناك من خطر المفارز المخابراتية.

المنطقة هناك وعرة تتميز بتلال ومنخفضات.. فقط سيارات اللاند كروز قادرة على المرور عليها بسهولة وتتحمل

مطبات الطُرُق، اما المهربون فيتفقون مع حرس الحدود لتمرير زبائنهم بطريقة غير مشروعة من العراق الى ايران لقاء اجر يتم الاتفاق عليه بين المُهرب والجندي. أمّا عناصر المخابرات فهي كثيفة هناك.. تخرج على شكل دوريات تمنع دخول المتسللين ولكنهم في الوقت نفسه يتفقون مع المهربين لتمرير اشخاص أو أدوية أو النحاس المُهّرب من العراق الى إيران.

اتفقنا مع المهرب على المبلغ.. وبعد اكتمال عدد الركاب صعدنا سيارته ثم انطلقنا بسرعة ظننت أننا سننقلب جراء سرعة اللاندكروز التي اثارت سكون الأتربة وحوّلت هدوء الأرض الى عاصفة.. وكأنها تعرضت لإعصار مفاجئ.. فلا أرى ألان من زجاج السيارة سوى الأتربة المتصاعدة، تكسرت اضلاعي من المطبات العالية ثم صادفتنا تلة او مرتفع صغير، وما ان اجتزناها حتى مرت سيارة المخابرات الايرانية بسرعة حتى لمحتنا ثم توقفت لتتوجه الينا وكأنها تنذر بقصة مخيفة.

لم يكن سهلا لي تقبُل حدوث مثل هذه الصدفة، الباقون لا حرج عليهم فهم عابرو سبيل، اما انا فلدي مستمسكات ان حصلوا عليها فالويل لي حينها.. حيث انني احتفظ ببعض صور التقطتها في كلية الشرطة لأقدمها كدليل الى الامم المتحدة التي ستطلب بدورها ادلة على اسباب هروبي من العراق.

ارتجلنا من السيارة خائفين.. وسلمنا مستمسكاتنا الثبوتية

الى احد عناصر المخابرات ليحتفظ بها بدوره.. ثم امر المُهرب ان نكمل المسير الى نقطة التفتيش التي ستواجهنا في الطريق وهناك علينا أن ننزل لكي تأخذ ألإجراءات القانونيه مجراها.

انتظرنا في نقطة التفتيش كثيرا حتى جاءت سيارة المخابرات، فأمروا المُهرب ان يتبعهم الى دائرة المخابرات. انتابني شعور بالخطر وفي الطريق مزقت كل صوري بالزي العسكري مما اثار شكوك السائق، اخذ امانج صورة لي كنت احمل فيها سيفا ومتوشحا بوشاح العلم العراقي ولي شارب، صاح السائق: الله اكبر هل هو صدام بحق الله؟ مزقوا الصوره قبل ان تجلب لكم الويلات ونُهلَك.

مزقت كل الصور ونثرتها عبر النافذة الا انني ما زلت احتفظ في جوف حذائي بأوراقي المهمة.

وصلنا دائرة المخابرات وكنت في قرارة نفسي ارتجف ومتوتر الاعصاب وبمجرد أن دخلنا الباب تم توثيقنا وتعصيب اعيننا، ثم اقتادونا الى الداخل ومشينا طويلا حتى اجلسونا ووجوهنا على مقابل الحائط كأسرى.

فكوا وثاقنا والعصَابة عن عيوننا.. ثم لنجد انفسنا في غرفة مبنية للتو وأمامي كانت غرفة صغيرة مظلمة لم يُكمل بناء سقفها عدا السقف الثانوي التي هي عبارة عن شِباك فقط.

بدأ التحقيق بالتناوب.. ندخل واحدا تلو ألآخر ولديهم رجل بدين كردي ايراني يقوم بالترجمة ولعله من عناصرهم.. امانج خاف أن يفصح بأنه كردي ففضّل أن يتكلم الفارسية بدلا من الكردية لكي لا يُتهم بأنه مهرب للمجموعة.

اما انا فبدوري تكلمت التركمانية معهم فبدت الراحة بالحديث معي على وجوه المحققين.. فهم اتراك ويحبون جدا لغتهم أو من يتكلمها، بادئ الامر ساورهم الشك بأنني من اتراك تركيا الا ان هوية الاحوال الصادرة في العراق كانت برهانا كافيا بأنني عراقي الجنسية.

انتهى التحقيق مع الجميع بسلام على عكس ما توقعت.. لا ضرب او سبٍ يُذكر.. تحضرنا للخروج وكنت لا اكاد ان اخفي سروري ثم فجأه صاح احد رجال المخابرات:

- هناك شخص مندس، وقد مزق صوراً مهمة، مؤكد انه جاسوس.

- لم افهم ما قال الا ان حاستي أدركت معاني ما يقصده.. فهناك صور وكلام عن جاسوس.. ولم يكن حدسي مخطئا.

- لقد كُشف امرنا. - قالها امانج خائفا - .

- هل هو اعدام ام سجن مؤبد.

- لا.. لا تخف فقط انكر ما يسألونك وأنا بدوري سأنكر

أيضا.. لا تخف ولا تنسى بأننا المفروض هنا لا نعرف بعضنا.. فقط انكر اي شيء وقل لا اعرف.

ارجعونا الى الغرفة المهجورة.. وجلسنا ووجوهنا الى الحائط ولم نكن مُقيدين، ثم ادخلوا امانج بالبداية وبدأت الاتهامات توجه اليه ثم بدأت الصفعات تنهال عليه.. ثم تحولت الى الضرب بالكابيل اكاد اسمع صوته بكل وضوح فهو يصرخ من شدة الألم.

اخرجت المستمسكات من حذائي بسرعة.. وسحبت نفسي من بين الجالسين وتوجهت الى الغرفة الحديثة المظلمة.. التي لم يُكمل بناؤها.. ثم اخفيت الهوية في السقف الثانوي - المصنوع من الاشباك - . رجعت ادراجي وبعد لحظات ادخلوني.. وطلب المترجم الكردي من امانج ان يترجم لي.. وتفسيرا حول ما مزقته من صور وعن أسباب نثرها والتخلص منها من الشباك. لم يقتنعوا بسهولة وكنا على هذه الحاله ساعات. بعد لحظات قاسيه من تعب وضرب وشتم تلقيناه منهم.. حاولت أن اقنعهم بأن ليست لدي أي فكرة عما يقولون.. ثم طلبت من امانج ان يسألهم:

- عن اي صور يتحدثون؟

كانوا هذه المرة دقيقين في التحقيق وقد سيطر الغضب عليهم.. انهم يحققون الان مع جاسوس حسب ظنهم

وستكون عاقبة الامور غير محمودة لو فشلنا في اقناعهم عكس ذلك.

ـ اي صور تقصدون؟ـ سألهم امانج وأثار الوجع تظهر على وجهه كلما حرك فكيه ليتكلم.

ـ هل هذا غبي ام ماذا الصور التي مزقها ورماها من شباك السيارة.

تظاهرت قليلا بالسذاجة وطلبت من امانج التوضيح اكثر.. فأردفت قائلا:

ـ انا كنت املك صور خلاعة لنساء وعندما دخلت الجمهوريه الاسلامية الايرانية اخبرني السائق بأنها محرمه هنا، فاحترمت الامام الخميني فمزقت الصور ورميتها اكراما لشخصه الكريم، فهذه ارض طيبة طاهرة تلم في ثراها جسد اعظم واطهر امام.

تنفس الجميع براحة هذه المرة واحسست بأنهم اقتنعوا بالكلام والتمثيل قد انطلى عليهم فهمّوا بتفتيش امتعتي على الفور، قلّبوا البوم الصور فأثار غضبهم صورة فتاة ترتدي قميصا مرسوماً عليه علم أمريكي وأظهروا استياءهم من صور عارية لفنانات عرب.. اخذوا ماعندي من الكاسيتات التي اعتز بها.. ومما جلب انتباههم واحد من الكاسيتات

يحمل صورة لراقصة شرقية.. ثم اعادوا لي بقية الاغراض.. فالموضوع الآن قد انتهى وكأنه نذير شؤم لبداية سفرة قد تطول في انهاء مأساتها او قد تفشل فكرة السفر الى الأبد.. انتهوا منا وتأكدوا ان ما مزقته مجرد صور عادية لا تستدعي كل هذا التحقيق.

خيمت فترة من السكون استطعت من خلالها استغلال الظرف وارجاع مستمسكاتي من تلك الغرفة التي انقذتني من حبس محتم.. خبأتها في حذائي بأحكام ولعلني لم أختر الوقت الصحيح.

- رياز.

نادى علي احدهم واقتادني الى الداخل وتبعني امانج.. دخلنا الغرفة التي تتوسطها صورة الخميني وعلى جانبي الصورة ـ صورتان لخامنئي ورفسنجاني الرئيس السابق لإيران.

صفع احدهم فجأة امانج بقوه، مما اثار فيّ الخوف والهلع.. فالموضوع لم ينتهي كما تصورنا.. اسلوب الضرب اشارة غير جيدة تدل على أننا لم ننته بعد من التهمة.. وظننت بأن أمري قد انكشف حينما ارجعت اغراضي من الغرفة. طلبوا من الجندي العربي أن يفتشني.. تقدم الي ثم سألني بهدوء:

ـ انت عربي؟.

ـ نعم. أجبته.

ـ سأفتشك حسب طلبهم وسامحني فهي ليست رغبتي.

بدأ التفتيش حسب طلب رجال المخابرات منه.. فهذا الجندي كان يتمتع بروح عربية تكره أنظمة الفُرس..

ـ آسف اخي وسامحني. تمتم بحزن.. يحرص بان لا يسمعه الآخرون فتش في البداية قدمي اليمنى حيث أُخبئ الهوية، قرأت

في داخلي سِرّا (وجعلتُ من بين ايديهم سدا ومن خلفهم سدا فأغشيناهم وهم لا يُبصرون) نفخت على نفسي بهدوء، ثم طلب مني أن أخلع الحذاء.. ما أخافني هذه المرة أن جزءا من الهوية ظاهره بشكل واضح.. فلم أستطع خلع حذائي بشكل كامل فتصنعت السقوط على الجُندي لكي اتجنب التفتيش.. أستعدلت في وقفتي ولم انتظر ان يطلب مني نزع الحذاء الايسر فباشرت بخلعه بل ورجه امامهم ،، التفت الجندي الى المترجم قائلا:

ـ كل شيء على ما يرام. ـ قال الجندي مطمئنا الجميع ـ ـ

بان الارتياح على وجه الجميع ثم أمرونا بالخروج. تم ترتيب اوراق الافراج بشكل نهائي. نقلونا بسيارتهم الى

مركز الشرطة التي ستتولى هي الاخرى مهمة تسفيرنا الى حدود كردستان الجانب الذي يسيطر عليه حزب جلال الطالباني في منطقة تدعى بنجوين.

المحاولة الثانية الى ايران:

في سجن مريوان الايراني قضينا يومين، كان مليئا بالعراقيين الفارين من العراق عربا واكرادا، واما المتزوج فيضعون زوجته واطفاله في السجن المخصص للنساء.. وكان بيننا اتراك من العراق احدهم تم الافراج عنه من سجون الاستخبارات بعد نيله نصيبا من الضرب المبرح.. حذرني امانج على ان لا اتكلم مع أحد لان جواسيس النظام البعثي يتواجدون في مثل هذه الاماكن وبكثرة فهي فرصتهم لاختطاف أشخاص في مثل هذه الظروف. احد الاشخاص كان يمزح كثيرا رغم انهم فصلوا زوجته واطفاله ووضعوهم في السجن الثاني للنساء.. كان غاضبا من المعارضة العراقية الموجودة في الخارج ولاسيما في إيران.. وكان يشتم محمد باقر الصدر ويقول عنه انه عميل ويتسول المال من الكويت ليملأ جيبه. همست ل امانج قائلا:

- كاكا امانج هذا الشخص لا يكذب وهاهو يقول بأن المجلس الاعلى خائن اذن كيف سأثق بهم انا؟

ـ صح ولكنني لم اكن احب ان اخيفك.

ـ كان عليك ان تقول لي بأنهم غير جادين في مساعدة العراقيين ولو استعنت بهم مؤكد سيلعبون علي فهم مجرمون، كنت ارى سجلاتهم قبل هروبي.. كلهم مجرمون مخربون.. كلا لن اذهب اليهم المال الموجود معك سآخذه ثم اعمل في ايران وأسافر الى مدينة ـ وان ـ التركية ولا أريد التورط مع احد أرجوك.

ـ عندي اصدقاء سيعطونك العمل لا تقلق.. واذا كنت لا ترغب بتسليم نفسك للمجلس الاعلى فهذا امر يخصك إلا انني سأساعدك قدر الامكان على أن أحافظ عليك فأنت امانة.

بعد ايام خرجنا من السجن حيث نقلتنا سيارات الجيش الى الحدود العراقية الايرانية.. قطعنا شوطا كبيرا للوصول الى مكان وجود المهربين.. و لكي نعاود المحاولة ونذهب الى طهران.. أثناء المشي عبورا الى الحدود العراقية الايرانية سمعنا انفجار لغمين.. كان الصوت مدويا.. لم نهتم وواصلنا المسير... همس لي امانج:

ـ ننفصل عن هذه الفئة بأقل فرصة عندي صديق يسكن في قرية قريبة سنأوي اليه.

انسلخنا من رفقة المجموعة بسرعة مستغلين غفلة الجميع..

فوصلنا الى القريه التي لم تكن تبعد كثيرا عنّا.. استقبلنا صديق امانج.. وكان شيخا كهلا.. عبّر عن سروره ورؤيته امانج فقام بواجب الضيافة كما يجب.

لم نعلم ما تخبئه الايام، فالوقت يخيفني، صعب ان لا اتقن لغة البلد الذي سنذهب اليه ولاسيما انني سأكون مُعرّضا لمشاكل قد تكلفني حياتي، فالحذر مطلوب..

الساعة السادسة صباحا الان وقد بدأنا المسير.. ورغم فصل الصيف فقد كان جو الحدود باردا.. المنطقة جميلة.. خضراء تكسو الهضاب والأراضي ورائحة نسيم نقي نستمتع في استنشاقها، الحصن الايراني أمامي استطيع ان اراه بسهولة.. فهي تشبه قلاع كسرى التي كنت اراها في افلامنا التاريخية.

وصلنا الحدود الايرانية واختبأنا في احراشها لكي لاتصطادنا عيون الدوريات التي على الحدود، سيارات دورياتهم تمر كل ١٠ دقائق وعلينا ان نجتاز الشارع الطويل في غضون لحظات الى جهة التلة الكبيرة المحاذية للشارع. ما ان مرت الدورية حتى رفعت حقيبتي استعدادا للانطلاق الى الجهة المقابلة، وما كدنا نصل التلة حتى باغتتنا سيارة الدورية وباشروا باطلاق النار في الهواء لاخافتنا، اما انا وامانج فقد صعدنا التلة بأسرع ما يمكن.. ترجل الجنود وبدأوا بملاحقتنا.

كان حملي ثقيلا مما أجبرني على رمي حقيبتي، نهاني ئامانج عن رميها فلم اصغ اليه من شدة التعب.. نزل ئامانج بكل رشاقة لجلب الحقيبة ونجح في ارجاعها واللحاق بي بسرعة الى اعلى التل.

كدنا نصل تقريا الى اعلى القمه، جلسنا لبرهة لنتأكد من رجوع الدوريه، ثم ذهب امانج ليستطلع الوضع ثم عاد مبتسما:

ـ لقد يئسوا من القبض علينا ورحلوا.

انتظر هنا سأجلب تاكسي واتفق معه ليأخذنا الى همدان.. لا تغادر مهما حصل.. ـ اعطاني ربع المبلغ من المال الذي معه ـ ثم قال لي:

ـ هذا احتياط احتفظ به.. اما بقية مالك فسأرجعها لك حينما نصل اصفهان.

غادرني سريعا.. ثم جلست وحيدا على التلة الكبيرة مختبئا بين شجيراتها التي تغطي سفوحها واطرافها.

بعد نصف ساعة كنت مستلقيا على الارض حينما سمعت صوت اقدام تخطو الى مكان رقودي:

ـ من؟

ـ لا تخف انا امانج انهض سريعا عثرت على سائق يأخذنا

الى همدان.. بسرعة انه تحت التل.

نزلنا سريعا ثم صعدنا السيارة بسرعة وانطلقنا.. قلت لثامانج:

- هل انتهى الخطر؟

- ليس بعد عندنا نقاط تفتيش يجب ان نجتازها بسلام.

وصلنا نقطة التفتيش فاستوقفنا الجندي يسأل عن الاوراق.. اخرج ثامانج وثيقة الزواج ليوهم الجندي بأنه ايراني وأجاب على اسئلة الأخير باللغة الايرانية حتى اقتنع الجندي بأن ثامانج هو ايراني وليس متسللا.. توجه الجندي الى سؤالي عن اوراقي.. حاول السائق اقناعه بتركي ان امر بسلام فلم تجدى نفعا محاولاته.. ثم امرني الجندي بالنزول من السيارة.

اختفت السيارة عن انظاري تحمل معها ثامانج والسائق وما كنت املكه من مال.. تركوني مع مبلغ صغير اواجه به قدري المجهول لوحدي.

الرجوع الى كردستان العراق:

اقتادني الجنود الشباب الى غرفة صغيرة وفتشوني.. كانوا متعاطفين معي عندما شاهدوا خلال التفتيش بعض صور لي في العراق وخصوصا صورة لينا التي كانت تتوسط البومي

الصغير.. فابتسم الشاب وارجع لي اغراضي ثم طمئنني بأنهم سيفرجون عني قريبا.. دخل شاب اخر حاول ان يفتشني بقوة وقلة ادب فاستوقفوه ثم أخرجوه.

استوقفوا شخصا بالخمسين حاول اجتياز الحدود باتجاه العراق قادما من طهران لم أدرك انه مُهرب.. إلا بعد فترة ولكنني شاهدت القلق على وجهه غير عادي وكأنه يخاف أن يسلبوه شيئا مهما. يجيد اللغة العربية وسألني بفضول كيف تم القاء القبض علي فأخبرته بالقصة.. وعندما سألته قال انه اوصل احد اقربائه الى طهران لغرض العمل وانه ينوي العودة الى كردستان العراق في اقرب وقت ممكن.

وبعد فترة قصيرة دخل شخص مُسن ليشاركنا في مساحة الغرفة الصغيرة فأصبحنا ثلاثة الان.. كان طيبا وودودا، لم يكن يخفي شيئا غير قلقه في كيفية اعانة عائلته، حاول الوصول الى طهران في عدة محاولات ولكنها باءت بالفشل.. ولا يملك المال الكافي الان للرجوع الى كردستان أو حتى تعويض ما خسره.

بعد الظهر صعدنا سيارة مكشوفة لتتجه بنا الى المخفر، وهناك حُبست للمرة الثالثه فما عُدت الان اخاف كما كنت في بادئ الامر.. فكل واحد يُلقى القبض عليه يُسّفر الى بلده وهذا كل ما تفعله السلطات الايرانية من اجراءات للمتسللين

داخل اراضيها يقدمون لغرض العمل فقط.

حضر مأمور السجن وقال لي:

- رياز انت مجددا؟

ثم طلب من الرجل الذي يشاركنا الحبس ان يترجم لنا ما سيقوله:

- لن نأخذكم الى المحكمة سنحل قضيتكم الان وبمبلغ مالي قدره ٢٠ الف تومان

التومان عمله ايرانيه و ٢٠ الف تومان ليس بمبلغ كبير ولكن بعض الناس لا يملكونه. بدأ الشخص الطيب يولول فليس لديه ذلك المبلغ من المال وهذا يعني انه سيبقى في الحبس لفترة اطول.

دخل الرجل الاخر الى الغرفة المجاورة ثم اخرج مبلغا من المال من لفة القماش المربوط على خصره.. رأيت ذلك عندما حاولت ان ادخل عليه لأستعجله بالقدوم.. اما الرجل الثاني فلم يكن له اي امل في الخروج. رجع الرجل من الغرفه وفي يده المبلغ ثم توجه بالسؤال الى الرجل الثاني الذي كان يشكو من قلة الحيلة:

- من سيدفع عنك؟

- لا أعلم.. - أجابه الرجل الطيب - .

ـ الله سيفرجها.. انا بصراحة احمل ما يكفي فقط حاجتي ولا اعرف ما اقول حظا سعيدا لك.

ـ أنا من سيدفع لكلينا.

انتبه الرجلان الي باستغراب ثم قال الرجل الاول:

ـ آه جيد.. إذن حينما يحضر السجان سأقول له ان المسألة قد تم حلها؟

ـ نعم قل له ان المال حاضر. أخرجت على الفور المال وأعطيته للرجل.. شكرني الرجل الطيب بالعربية ثم بعد فترة تمت الموافقة على الافراج عنا.

نقلتنا سيارة مكشوفة الى الحدود وبدأت اتعايش مع الموقف، فأنا الان وحدي وعلي مواجهة الامور وحدي، وان اكون شجاعا في مواجهة كل ما سيواجهني من مصاعب رغم ان اتقان اللغة مهم في هذه الظروف الصعبة.

وصلنا الحدود ثم نزلنا نحن الثلاثة لنعبر الى الجهة الكردية ثم مشينا فتره لنصل الى مطعم مزدحم بالزبائن في منطقة بنجوين الكردية كان الرجل الطيب جائعا طلبت لنفسي كباباً عراقياً مع لبن ثم سألته:

ـ هل انت شبعان الوقت الان ٤ ظهرا ولا أظنك شبعان.

ـ لا أملك المال لأكل ولا حتى لكي ارجع الى السليمانية

واری أسْرتي.

ربتّ على كتفه ثم قلت له:

ـ أطلب ما تحب وسأوصلك الى أُسرتك.

ـ ابتسم الرجل وشكرني مجددا وبشدة ثم قلت له:

ـ ارجو ان تتوقف عن شكري فأنا رأسي قد تصدّع بسبب قلة النوم، هيا اطلب غداءك لنعود الى بيتنا بسرعة.

بعد الغداء صعدنا سيارة لاندكروز ثم توجهنا الى السليمانية وكانت الصعوبة فقط عندما كانت الدوريات التي في الطريق تستوقفنا لغرض السؤال عن اسمائنا وسبب السفر الى ايران.. ثم قال الرجل الطيب:

ـ استاذ رياض اين ستذهب؟

ـ جم جمال حيث المفروض ان ارجع الى بيت شخص ساعدني كثيرا والآن سيساعدني مجددا.

ـ لالا بعد الغروب الطريق من السليمانية الى جم جمال غير آمن بسبب قُطاع الطرق، ستبقى في بيتي ثم صباحا ستغادر الى حيث تشاء.

ـ شكرا سأتأخر اريد الوصول اليوم.

أمسك الرجل من يدي قائلا:

ـ استاذ لم أرى بمثل طيبتك أنت ساعدتني كثيرا.. ولن انسى

ما فعلت من أجلي ولن ادعك تموت بأيدي قطاع الطرق فهم اكراد متعصبون على العرب خصوصا.. فأرجوك كن ضيفي.

قبلت الدعوة منه والحلول ضيفا عليه.. الرجل يسكن في سرداب مع عائلة كبيرة فقيرة الحال. استقبلتني زوجته بكل أدب بعد ان قص على عائلته ماحدث له فرحب بي ولده الذي يبلغ من العمر ١٨ سنة.

قضيت الليلة معهم نضحك ونتسامر مع الاطفال الذين شدهم الفضول ليسمعوا مني بعض القصص.. كان اخوهم يتكلم العربية ويترجم لأخوته بالكردية ثم شاهدوا صوري في الالبوم فلفتت انتباههم صورة لي بزي كلية الشرطة احمل سيفا.. نال اعجابهم كثيرا ثم قال الفتى:

ـ شرفتنا استاذ رياض فأنت بطل ان تواجه كل هذه الامور.

ـ الحمام جاهز.. ـ قالت والدته مقاطعة حديثنا ـ..

بعد الحمام مباشرة خلدت الى فراشي في ساعة هادئة ومتأخرة من الليل.. ذهب الجميع الى النوم وأطفئت زوجة الرجل الطيب الانوار وأغمضت عيني على الفور.. استيقظت صباحا على حوار همس خافت بين الرجل وزوجته:

ـ ابعثي ولدنا ليجلب لنا احسن الفطور لضيفنا.

ـ نحن لا نملك المال لنشتري الفطور الاطفال لم يأكلوا منذ

البارحة.

- عيب يا امراءه ما تقولينه الان.. لن أترك الرجل يغادر ببطن فارغة.. ابعثي الولد ليجلب الفطور ولو بالدين من البقال.

بعد انتهاء الحوار تصنعت بعد فترة بأنني أستيقظ من النوم.. كدت انفجر من شدة الحزن على ما سمعت.. طيبه غير معقولة لم أرى أو أواجه مثل هذا الموقف من قبل. عدت من الحمام لأرى مائدة طويلة من ما لذ وطاب من الجبن والعسل والخ من الفطور. جلست وأكلت قليلا ثم انسحبت..

- معقولة هل هذا فطورك استاذ رياض؟
- نعم انا لا افطر صباحا وشكرا على كل هذه الانواع من الفطور.
- لا تشكرني فلولاك ما كنتُ الآن بين أسرتي.
- لا تكرر هذا ارجوك فهذا واجبي.

طلبت من الرجل ان يوصلني الى كراج السيارات، فعلي الذهاب في أقرب وقت الى جم جمال.. ثم طلبت منه ان اتكلم معه على انفراد خارج الدار.. اخبرته بما سمعته بما دار من الحديث هذا الصباح مع زوجته.. اغرورقت عينا الرجل بالدموع ثم اخرجت ما تيسر من المال.. تفاجأ الرجل فهدأتُ

من روعه قائلا:

ـ تمنيت لو أملك كنزا لدفعت لك اكثر.

لم يقبل الرجل بالمال.. شعر بالحزن ثم قال:

ـ انت تحتاج الى المال اكثر مني.

ـ انت لديك عائلة وتحتاج المال اما انا فبمفردي أستطيع ان ادبر اموري بسهولة.

ودعته ثم اوصى ابنه بان لا يتركني حتى يتأكد بأنني قد وجدت السيارة المطلوبة... وصلنا الكراج وهناك اجريت اتصالا هاتفيا مع كاكا عادل مدير امن جم جمال.. فتكلم الفتى مع زوجته كونها لا تتكلم العربية.. وأخبرته هي بان أطمئن ولا أخاف من نقاط التفتيش وأوصتني أن احتفظ برقم الهاتف.. اغلق سماعة الهاتف ثم اوصلني الى سيارة الاجرة.. فعرضت عليه قبل ان اغادر مبلغا بسيطا من المال فرفض ان يأخذه ولكن بإصرار مني جعلته يقبل المبلغ. تصافحنا ثم دعا لي ان يسهل الله طريق العودة.

عبور جبل خورمال العالي:

وصلت جم جمال بلا مشاكل تُذكر، فمنطقة الاكراد جميلة والناس بسطاء رغم إحساسي بالضياع.. ألا انني في

أمان بين الأكراد.. فعلا وجدت طيبة غير اعتيادية في هذه المنطقه التي عانت ويلات الظلم خلال الثمانينات على وجه الخصوص.

اضطررت الى السكن في بيت ـ أ ـ عدة ايام الى ان يحين وقت السفر الى ايران.. وفي احد الايام عرفني ـ ا ـ بشخص يُدعى محمود وأخبرني بأنني سأخرج معه الى ايران لأنه يعمل هناك وسأكون برفقة شخص اخر اسمه ـ اسو ـ أضافة الى شخصين آخرين يودان السفر الى تركيا عبر ايران.. كنا في المقهى نتبادل أطراف الحديث ولم أبد ارتياحا لكلام محمود.. أذ يبدو انه لص ولكن لص غبي وليس محترفاً.

في طريق العودة الى البيت اعلنت عن قلقي جهرا لـ ـ أ ـ وأخبرته عن احساسي بالخوف من هذه النماذج وخصوصا اننا سنكون على سفر في طريق غير قانوني يكثر فيه القتل والسلب.. فنّد ـ أ ـ مخاوفي وشكوكي وقال ان هذا الشخص لا يستطيع ان يغدر بي لأنه يعرف اسرته بالإضافة الى المدعو ـ اسو ـ فهو معروف في جم جمال ولا يمكنه أن يتصرف بحماقة معي.

اتفقنا على الخروج مع بداية وقت الفجر.. كنا خمسة اشخاص لم ارتح ابدا لتصرفاتهم ولا لأشكالهم رغم ـ أ ـ اكد لي بأنهم طيبون.. وصلنا مناطق كانت تحت سيطرة الحزب

الاسلامي الكردي وكانت نقاط تفتيش مناطقهم تتألف من شخص واحد ملتح يرتدي جلابية قصيرة يمسك عصا يتحرى ويُمعن في وجوه الراكبين ثم يأذن للسائق بالتحرك. وصلنا منطقة خورمال.. تحيطها الجبال العالية امّا الطقس فكان ملتهبا جدا.. جلسنا لنأكل قليلا ثم قال أسو ينصحنا:

ـ عليكم باللبن والتمر.. اترون هذا الجبل (اشار الى جبل تصل قمته الى السحاب) سنعبره وسنحتاج ما لايقل عن التسع ساعات صعوداً وما يقارب الخمس ساعات نزولا.. أذن عليكم بالتمر واللبن يا اخوان.

لم أعر اهتماما للكلام ظنا مني أنه يمزح معنا.. وبعد الغداء البسيط تركنا الدكان البدائي البسيط.. توجهنا الى أرض خضراء جميلة وجلسنا في ظلال الأشجار مقابلين الجبل الذي سنصعده في وقت محدد من اليوم.

اخرج زجاجة الويسكي ثم اكملها بعد ثوان رغم سخونة الجو.. تباهى بأنه يقدر على شرب اكثر من زجاجتين ولكنه شرب الويسكي لكي لا يحس بالتعب فلدينا جبل يجب ان نعبره. كثرة الحديث عن الجبل أثارت اهتمامي مما جعلني أصدق وأدرك فعلا بأننا سنعبر هذا الجبل ولا سبيل غير ذلك وقضي الامر.

خيم الغروب علينا ثم ايقظنا اسو من النوم قائلا:

ـ هيا يا شباب سنبدأ الصعود.

كان يُجيد العربية وكان شجاعا.. يتشاجر بالسكين ولا يهمه قوة خصمه أو حتى حجمه.. يتمتع بالاعتماد والثقة الكبيره في نفسه.

نهض الجميع بكسل من النوم وبدأنا بالمسير.. فبدأنا بصعود الجبل وأحسست بعد دقائق بالتعب والإرهاق.. اخذ محمود حقيبتي رغم ضعف بدنه ليساعدني.. رحلة الصعود شاقة ولا ترحم اما انا فكأنني اموت في كل لحظة أخطو بها نحو السُفح العالي.

ـ احذروا فهذا الجبل مليء بالألغام وانأ احاول جهدي ان نبتعد عن الأماكن التي دفنت فيها الالغام.

بعد ساعات خذلاني ساقاي من التعب.. نظر محمود الي وقال لاسو:

ـ الفتى العربي تعبان فهو خلفنا ولا يستطيع ان يواصل،، لنرتح قليلا.

ـ اتركاه ونكمل المسير لا احد ضغط عليه بالمجيء معنا... صاح الشابان الاخران بكل وقاحة ـ .

ـ لا لن نرتاح الان فعلينا الوصول الى القمة قبل الواحدة ليلا.. فبعد هذا الجبل قرية ان لم نصلها في فترة من الزمن

سنكون فريسة سهلة لدورياتهم ويذهب تعبنا سدى.

لم اتعب هكذا في حياتي فصعود قمة عالية من جبال خورمال كان اخر شيء يخطر على بالي، ومما زاد من خوفي هو سماع صوت انفجار هزّ الجبل وكدنا نسقط من المنحدر من شدة الارتجاج، اخبرنا اسو بانه انفجار لغم قديم تم زرعه من قبل جنود صدام في الثمانينات.. مثل هذه الانفجارات تبدو مألوفة للسكان إذ لم اشاهد دوريات أو اي شخص قد أخافه ما حدث الان غيرنا.

ولكن اليس من المفروض ان يسألوا أو حتى يدققوا في سبب الانفجار؟ ولربما قتل شخص ما اثناء محاولة عبوره الحدود، ولكن للآسف لا قيمة للإنسان حتى وهو في وطنه اذن لماذا القلق.

لم يكن باستطاعتي صعود القمة.. فالطريق اللولبي حول الجبل وعر ومحمود يحاول ما بوسعه مساعدتي.. وكان يسحب يدي تارة ويدفعني تارة من الخلف مما اثار غضب الاخرين ومنعهم له من مساعدتي.

ساعات من العطش والجوع بل كدت افقد الوعي من شدة الهلاك.. الطريق المليء بالاحجار قد تؤدي الى سقوطي الى الهاوية في اسفل الجبل العالي.. لم نتوقف طيلة التسع ساعات سوى دقائق. اعطيت الاذن لمحمود أن يرمي حقيبتي ولكنه

رفض وقال لي بأني سأحتاج الى ما بداخلها عندما نصل طهران.

وفي الليل بعد ما اصابنا من الضعف والوهن ما يكفينا وصلنا سفح الجبل غير مصدقين.. فهوينا على الارض كجثث هامدة لا نكترث على ما نستلقي عليه.. سوى ان نرتاح من التعب.. استرحنا القيلولة ثم حذرنا أسو قائلا:

ـ عند النزول احذروا الصخور الحادة فانها تنغرز بسهولة في الساق وتمزقها وهي اشد من السكين.

سنستعد الان لأخطر مغامرة في مجابهة الصخور التي لا ترحم احد لو وقع عليها.. مزقت الصخور بنطال الشابين، اما انا فكنت اتوقى الحذر لكي لا القى ما لا يسرني من هذه الصخور الخالية من الرحمة.

تم اجتياز الصخور والهبوط سالمين ونكاد نرى الكمائن تمر من خلال الوديان ونحن نتوخى الحذر في الاختباء منهم.. شيخ الجامع في الطرف الثاني ينتظر قدوم الزبائن غير الشرعيين لاستقبالهم في فندق الجامع.

بعد ساعتين من المشي والجو الحار الذي كاد ان يخنقنا وصلنا الى الجامع فدخل أسو واخبر الشيخ بوجودنا في الخارج.. نزل الشيخ وقال:

ـ اهلا بكم ادخلوا الجامع واغتسلوا من غبار الطريق.

مكان الوضوء كان جميلا جدا.. نهر بارد وجار يتوضأ منه المصلون حيث ان المسجد كان مبنيا بطريقة هندسية رائعة على نهر جاري.. اغتسلنا وشربنا حتى كدنا ان لا نفارق مجرى النهر الصافي.. نادى أسو بنا:

ـ لندخل الجامع قبل أن تكشفنا الدوريات الايرانية ويضيع تعبنا سدى.

دخلنا الفندق حيث اكثر من خمسين شخصا ينامون في غرفة صغيرة كدنا ان ندوس على رؤوسهم لولا انارة الشيخ الشاب القنديل لنرى ما تحت اقدامنا من لحوم بشرية نائمة.. كل ما نفكر به الان مكان ننام فيه ونرتاح فغدا لدينا طريق اطول.

اقبل الصباح الجميل وتناولنا فطورنا.. ثم بدأ الحديث يدور بالكردية مع اسو وشيخ الجامع والمهرب ـ الطرف الثالث ـ وتم الاتفاق على المبلغ.. وفي الحال حضرت سيارة نوع بيكان ايرانية لتقلنا الى همدان حيث ينتهي الخطر هناك.

مناطق كردستان العراق وبعض من كردستان ايران اغلبها تتكلم السورانية الكردية ولهذا السبب تجدهم متآخين بينهم ويتزاوجون فيما بينهم.. فالتعاون بينهم قائم منذ البداية، فهم

قد تعرضوا للقمع ايام شاه ايران وعهد صدام حسين على وجه الخصوص بعد ان تمادى الأخير في تدمير قراهم وهتك اعراضهم مما زاد من غضب الاكراد وسعيهم لإنشاء اقليمهم ليعيشوا في أمان من العرب والعالم الذي دور المتفرج بينما كان صدام يحاربهم بالسلاح الكيميائي وبمساعدة امريكية.

كانت السيارة تمر بمناطق وعرة جدا.. على الطريق الترابي وذلك لتجنب الدوريات. استغرقت الرحلة يوماً ونصف اليوم وبعدها وصلنا الى احدى القرى الكردية فنزلنا من السيارة ثم قال المهرب:

ـ هذه قرية يقطن فيها أقرباؤنا فتصرفوا فيها بشكل طبيعي ولو شاهدتم اي دورية لا تهربوا وتصنعوا بأنكم من سكان هذه المنطقة.. حقائبكم ستظل هنا لحين أن ارجع اليكم.. فأن اريد التزود بالوقود.

تمشينا طويلا في القرية وفجأة قطع صفو حديثنا أحد نداءات السماعات لسيارة متجولة.. فظننا انها الشرطة تنادي علينا وما ان هَممنا بالفرار حتى صاح بنا أسو يستوقفنا:

ـ قفوا لا تخافوا هذه سيارة الخُضار الجوالة.. يُعلمون الناس بقدوم البضاعة لكي يُقبلوا عليه.

ضحكنا قليلا على سذاجة عقولنا ثم قمنا بشراء الاكل لقتل

الجوع الذي هجم على احشائنا.

جاءت السيارة بعد ساعات وصعدنا.. التفت الينا السائق قائلا:

ـ لقد اجتزنا حزام الخطر وسننقلكم الى همدان وكأنكم وصلتم الى طهران.. ففي همدان تنتهي مسيرة القلق وتبدأون سفرتكم الى طهران دون ان تعترضكم دوريات او نقاط تفتيش.

الطريق الى طهران (هشكرد):

في همدان قطعنا التذاكر وصعدنا إحدى حافلاتهم الانيقة وتوجهت بنا الى طهران.. هناك حيث المدينة يتم بناؤها وعمالها الأكفاء من الاكراد العراقيون الذين عُرفوا باحترافهم البناء في ذلك الوقت الذي كانت ايران تحتاج فيه لأيد عاملة في بناء مدنها الحديثة..

وددت بعد وقت لو انني لم ارافق هذه المجموعة، فمتاعبهم ستبدأ.. ففي حوالى الساعة الثالثه صباحا نزلنا من الحافلة في منطقة هشكرد ثم تابعت الحافلة طريقها الى طهران.. اخبرنا اسو اننا وصلنا مدينتنا والغرفة التي يسكنون فيها لا تبعد سوى دقائق.

دخلنا الى الغرفة غير مهتمين بمنظرها، فالمهم هو النوم قبل كل شيء.. ارتمينا على الأرض ثم غطسنا في نوم عميق الى ظهيرة اليوم الثاني حيث استيقظنا على صوت محمود.

في بادئ الامر بدت لنا المدينة التي هي في طور البناء آمنة الى ان فاجأتنا دوريات ليلية باغتتنا اثناء نومنا وبدأت حملتها في القبض على العراقيين وفي أوقات الليل المتأخرة مستغله انغماسنا بالنوم العميق. كنا نجري كالجرذان من سطح الى سطح ونختبئ بالحفر في ساعات متأخرة من الليل.. فالدوريات تجمع معلومات عن طريق مصادرها ثم تباغت النائمين فجأة.

بتنا على هذا المنوال اسبوع.. لم نعرف النوم والاطمئنان.. بدأ أسو ومحمود باستغلال الجميع وكانوا حريصين على تقليب الجيوب وأخذ ما يستطيعون أخذه بطريقة ذكية.. في أحد الأيام عندما سألوني كم أملك اخبرتهم بأني لا أملك سوى القليل ولكنني لم انج من طلباتهم وتهديداتهم فبدأوا بحياكة خطة دنيئة ضدي.

الجميع مستعدون لضربي وقبيل تنفيذ الخطة بدقائق قلائل دخل شاب كردي يدعى خلات يبحث عن عمال ليعملوا لحسابه في مزرعة الكرز.. نظر الي ثم اختارني من بين الجميع ليأخذنني معه ورفض الباقين.. ثم التفت الى محمود قائلا:

ـ هذا العربي قد اثر في قلبي ومن الظاهر انه يعاني منكم.. لقد جئت قاصدا ان اجمع ثلاثين عاملاً ولكنني سآخذه لوحده فلا ضير من مساعدته ولن اتركه هكذا.

ـ نعم خذه انه شاب فقير.. أيده محمود متظاهرا بالطيبة ثم واصل كلامه:

ـ نحن اردنا ان نساعده ولكنه لا يثق فينا وظنّ بأننا نستغله.

مجيء خلات في اللحظة المناسبة قد انقذني من شرهم وخصوصا بعد ان صدق حدسي بأنهم كانوا ينوون ضربي بالإجماع وذلك بسبب المال القليل الذي املكه.. فليس من حقي ان احتفظ بشيء لأنهم لا يحتفظون بشيء وعلي ان اساعدهم جبرا كأن اشتري لهم السجائر والعصائر والطعام. فعلا اعتقد بأنهم مجانين.

غادرنا المدينة وفي الطريق كنت متشوقا بالنظر الى شوارعهم النظيفة وأخذني الفضول في النظر الى وجوه الايرانيين.. فهم ليسوا كما شاهدناهم على أجهزة التلفاز.. بلحى كثيفة.. شعر مجعد ووجوه بائسة كان الجيش العراقي يقتادهم للأسر وكنا نلاحظ علامات الخيبة على وجوههم حينما كانت تبث قناة العراقية صور من المعركة في الثمانينات.

وصلنا مزارع نظر اباد الايرانية في وقت الغروب.. وطول

الطريق يتسم خلات في وجهي ليحسسني بالأمان ويخرج كل نصف ساعة سيجارة ويدخنها بشوق كأنه لم يدخن منذ فتره طويلة.

عبرنا نهراً جارياً في الحقل، عرفني على اقرانه واستقبلوني بابتسامة وكلمات كردية جميلة.. وكأنهم يقولون لا تخف انت بيننا في امان ايها الغريب.

عرّفني خلات على احد الاشخاص من محافظة التأميم.. فرحت كثيرا عندما رأيته فها انا اقابل شخصا من نفس المحافظة التي عشت فيها.. الصديق الجديد يدعى ـ عدنان ـ هارب من الخدمة العسكرية ويعاني من مشاكل عائلية مع اخوته مما دفعته الظروف الصعبة الى الهروب من الخدمة العسكرية ألالتزاميه في العراق.. وتطلع الشاب الى ان يغير حياته بالسفر الى اوروبا ويعيش كالآخرين في سلام.. كان ماهرا في حياكة المداس وسجادة الصلاة.. يملك انامل ذهبية.. وبارعاً في كل عمل يقوم به ومهما كان نوع العمل، فقد كان يؤدي ما عليه بامتياز.. وحاز على اعجاب اصحاب العمل وبلا منافس.

تكلمت معه باللغة التركمانية او التركية العراقية.. رحب بي ثم اخذني الى خيمة تم نصبها قريبا من سكن العمال يشاركه صديقه

ـ هاوري ـ وهو كردي القومية من محافظة اربيل يجيد اللغة

العربية.. قوي البنية وطويل القامة يخاف منه العمال.. حاول العديد منهم نصب فخ له لكي يضربوه انتقاما لهم لأنه كان يسيء معاملتهم.. ولكن محاولاتهم كانت تفشل دائما.

كان الظلام حالكاً فأشعل عدنان الكبريت ليتعرف على وجهي.. ثم قال بأنه سوف يُعرفني على صاحب الخيمة في الصباح.

حل الصباح الرائع.. فالمزرعة كجنة الله على الأرض.. اصوات عصافير.. نسيم بارد وصوت النهر الجاري يبعث في النفس الطيبة والتفاؤل بيوم رائع. جلسنا انا وعدنان لنفطر ثم سألني ما قصتي.. اخذ اللقمة وقربها من فمه ليأكلها ثم سمع مني جوابا كان كافيا لتتجمد اللقمة قرب فمه ويفتح عينيه فزعا من اجابتي:

ـ انا هارب من الامن والكل يبحث عني.

رجال الأمن في العراق هم ثاني سلطة في العراق ولذلك خاف عدنان في بادئ الامر من القصة ولكن بعد ان تأكد من انني صادق قال:

ـ ماذا تقول؟ هل انت جاد؟ بالله الم يبعثك أحد لتخطفني؟ اخبرني الحقيقة.

حاولت ان اقنعه بأني الان مطلوب ولست مع النظام

في بداية الكلام ولكنه اتعبني جدا.. الى ان طمأنته وأقنعته بصدقي ثم قلت:

- لا تخف انا بأمان الحكومة الكردية ساعدتني، انا في نيتي العمل فقط لمدة شهرين ثم اذهب الى محافظة ـ وان ـ التركية لتسليم نفسي.

- علي ان اخبر هاوري بذلك فهو صاحب الخيمة وسيأتي بعد قليل.. قال عدنان بقليل من الخوف ــ.

لم تمض لحظات حتى حضر هاوري وسلم علي بسرور وكان سعيدا بوجودي معهم.. جلسنا لنكمل الافطار وكان له نصيبٌ من الصدمة، اذ لم يتأخر عدنان في اخباره وكان هاوري في تلك اللحظة جائعا وبدأ في الأكل.. ولكن اللقمه ما كادت تصل فمه حتى توقفت عند شفتيه متسمرا، فقد سمع ما لايسر خاطره ولم تكن ردة فعله الخائفة اقل من عدنان.. :

- صحيح؟ ـ سألني بغضب ـ ثم واصل:

- لو اكتشفت انك جاسوس سأقتلك.

- لن تستطيع، سيلاحقك اقربائي ولن تنجو منهم. ـ قلت مبتسما وبكل ثقة ـ

تغير وجه هاوري قليلا ولم يجبني، اما انا وعدنان فاكتفينا بالابتسامة ثم واصلنا الاكل.

اليوم الاول في حقول الكرز:

انه اليوم الاول الان للعمل ولأول مرة في حياتي سأعمل. لبست البنطال والقميص وتوجهت مع عدنان وهاوري الى الحقل.. رمقني احد الاكراد العاملين قائلا:

ـ اخي هل انت في نزهة؟ هذا البنطال غالي الثمن وغير معقول ان تعمل به.

اجابه عدنان بالنيابه عني بالكرديه:

ـ لا تقلق فهو أمير لديه الكثير من البناطيل.

لم أكن أجيد التكلم باللغة الكردية ولم اتخيل يوما انني سأتعلم الفارسية والكردية من خلال اختلاطي بالأغراب... هنا في الحقل يتواجد العشرات من الاكراد العراقيين والإيرانيين، يأتون من كل صوب للعمل وكسب قوتهم.. اذ أن اوضاع كردستان العراق كانت في التسعينات مزرية.. تتقاتل فيه الاحزاب الكردية لنيل السلطة وأحلام الشعب الكردي وآمالهم ضاعت في تلك الفترات.. وبدلا من الجلوس في بيوتهم.. يغادرون الى ايران التي اصبحت وكأنها محافظة داخل العراق.. يتنقلون من طهران الايرانية الى السليمانية العراقية بكل سهولة.. ولو فشل احدهم بالعبور يُعيد الكرّة حتى يصل ضالته.

دخلنا حقول الكرز والتي كانت كالخيال.. نظرت الى اشجار الكرز الحمراء التي تحمل ما لذّ وطاب من الكرز الايراني ثم قال لي عدنان مبتسما:

- افتح عينك جيدا واشبع نظرك.. ففي العراق لم ار حتى كرزا اصطناعيا الا في صورة واحدة مرت امام عيني صدفة.

- نعم ايه والله.. انظر الى الاشجار، الى الحقول الى نسيم الصباح وأصوات الانهار.. أي طبيعة هذه بالله عليك.. الايرانيون يأكلون الكرز وكل أنواع الفواكه.. ونحن في العراق قد دمرنا القهر والحرمان وما زال بطلنا الورقي يردد ويصر بأننا منتصرون.. لا نجد حتى لقمة الخبز لنأكلها.. نحن لم نر أي شيء من حياتنا غير الذل.. وهنا في الغربة تعيش معززا مكرما وبالأخص لو جربت العيش بعيدا عن العراقيين ستكون في خير.

وافقني عدنان على كلامي.. ثم بدأ يعلمني العمل وكيفية قطف الكرز بكل حذر وإيداعه في الدلو المصنوع من الجلد بكل رفق حتى لا يتم تشويه شكل الفاكهة الحمراء.

في الساعة الخامسة عصرا انهينا العمل وعدنا ادراجنا مرهقين الى الخيمة.. كنت اذهب بعد العمل يوميا مع عدنان للتسوق وحرصت ايضا على التسوق بالعملة الايرانية والتعامل بها.. كان عدنان يعلمني بعض الامور التي اجهلها

في هذا البلد.. ومن المفارقات التي واجهتني في السوق كان الناس يسألونني من اي البلد انا؟ فكنت اجيبهم من اسطنبول وذلك لتقارب بعض الكلمات التركية العراقية من التركية فلم اخبرهم حقيقة انتمائي للعراق وذلك لتجنب المتاعب.. ثم اتضح بعد فترة ان الايرانيين يحبون الشعب التركي بشكل غير طبيعي وكان ذلك السر سبب نجاحي في الولوج الى داخل مجتمعهم والتعايش معهم.. سألني البقال:

ـ هل انت تركي اسطنبولي؟

ـ لا. أجبته.

ـ لالالا انت تمزح ولا تريدني صديقاً لك.. أنت تركي ومن اسطنبول.. لهجتك تدل على ذلك فأنا من معجبي المطرب التركي ابراهيم طاطلي سس... بالله عليك ما هي احواله؟ ما هي آخر نشاطاته؟

لم يكن.بمقدوري ان استمر بالنفي مما اجبرني على الكذب:

نعم انا تركي واعمل هنا لأتسلى فقط وسأرجع قريبا الى اسطنبول.

ما هي إلا ثواني أكملت الحديث حتى صاح البقال كل بعيد وقريب وصغير وقريب وكأنه يريهم عجائب الدنيا الثامنة:

ـ هيا اقتربوا تركي اسطنبولي هنا.. هيا بسرعة قبل ان

يختفي.. صاح البقال لمن حوله حتى تجمع حولي نصف السوق وكان معي صبي صغير جاء ليساعدني في التبضع.. قال الصبي بخوف:

- يا إلهي كل هؤلاء سيقبضون علينا؟ ماذا قلت لهم؟

- كلا يظنون انني من اسطنبول. أجبته بالعربية.

- أذن حاول ان تستمر معهم لعلهم سيعفوننا من الدفع. ـ ضحك الصبي ـ .

كان دكان احد الحلاقين بجانب دكان البقال.. حاول ان يشغل البقال ليسرقني منه خلسة ثم ادخلني دكانه واقفل الباب وكأنه ربح غنيمة وقال بلهفة:

- نورتنا يا صديقي.. ارجوك ان لأتكلم احدا في هذه القرية.. كلهم سيحاولون استغلالك.. انا هنا سأساعدك كثيرا.

لم يرق لي الوضع كثيرا.. الناس في ازدياد تام ولعل هذه الحادثه العجيبة ستكون سببا في جلب الشرطة ايضا وينكشف أمرينا.

تصنعت بالابتسامة والراحة وكلي امل أن انجو منهم بأي ثمن.. استطعت التخلص من التجمع بأعجوبة. رجعنا وقد تسوقنا بدون ان ندفع اي شيء بل دفعها بعض المعجبين..

الحقل الذي كنا نعمل به فيه مزرعة للأسماك، والشخصان اللذان يقومان بحراستها هما احمد ومحمد من منطقة بلوجستان.. كانا شخصين في غاية الاحترام وقد قدما لي ولعدنان واجب ضيافة لا توصف.

بعد اشهر حضر رجل يدعى خطاب مع شخصين لم يكونوا مصدر راحة، فقد قلبوا ميزان العمل وبدأ خطاب بالتخلص مني ومن عدنان لكي يستقروا براحة في خيمة هاوري.. فقد تشاجرنا معهم وتركنا انا وعدنان الخيمة ليستقبلنا احمد ومحمد بكرم ورحابة صدر.. مما اثار سخط هاوري وخطاب.. الاخير بدأ العمل بشكل عادي ثم بدأ يخطط للاستيلاء على الحقل والانفراد في قيادة مجموعة معينة إلا ان وقت الجني انتهى بسرعة في الحقل فحال دون تنفيذ مخططه، ثم غادر الى تركيا مع بعض من جلاوزته بعد ان زرع الفتنة بين العاملين كادت ان تصل الى القتل.

كنت على علاقة مع احدى الفتيات التي تعمل في الحقل وكانت من عائله كرديه تُدعى مريم، لم يكن العاملون فرحين بما يحدث.. اي علاقة بنت كرديه مع شخص عربي.. الا ان المتاعب لم تنته، فمنهم من كان يخطط للقضاء علي ولكن لم تساعدهم الفرصة وكنت محظوظا في نجاتي منهم.

انتهى وقت العمل في حقل العم خلات، فبعد التوديع

انتقلت انا وعدنان للعمل في حقل أخر والتابعه لإحدى اكبر الشخصيات الايرانية التي تدير الحكم في ايران وبعد فترة انتهينا من هناك وانتقلنا للعمل في حقل امرأة تدعى (روناك).. كانت جميلة جدا كحيلة العينين.. قدها فاتن وابهرتنا بارتفاع نهديها مما اضفى على سمرة بشرتها سحرا شهويا عجيبا والردفين المكورين كأنهما اسفنجة هائلة مشبعة بالماء والساقين المكورتين.. اعجبتني قيادتها للعمال وكانت تجيد التكلم باللغة العربية ولها ابنتان وولدان وكان ابنها الثاني مع والده يعيشان في اليونان.. روناك الجميلة تعيش مع الفتاتين والولد.. كنت معجباً جدا بشخصيتها ولا سيما صوتها الذي مازال يصدح في اسماعي عندما كانت تحث العمال على العمل.

واعجبني جمال ابنتها ـ جرا ـ ولا انكر بأنني كنت استغل انشغالها لكي ادقق في تقاسيم وجهها وانفها المنقاري الجميل والشعر المتدلي من تحت الحجاب على جبينها.. وأيضا جلوسها وترتيبها لصناديق الفواكه.. كنا خمسة جمعتنا الظروف لكي نعمل سويا واختارت لنا روناك خان غرفة صغيرة لكي نمضي فترة السكن المؤقتة هناك.

نزلت الى القرية للتبضع، دخلت متجرا جميلا كان الشخص يُدعى عباس وهو تركي ايراني.. سألني عن هويتي

فأجبته تركي اسطنبولي واسمي احمد.. فرح كثيرا ثم دعاني الى العشاء في بيته بعد ان انتهي من العمل. قبلت منه الدعوة وكنت سعيدا جدا بمعرفته، فقد كان شخصا طيبا جدا وكذلك اصدقاؤه ممن عرّفني عليهم.

لشكر أباد الايرانية:

الحقل لا يبعد سوى خطوات قليلة عن القرية.. ففيها قضيت اجمل الأوقات مع اناس تعرفت عليهم وتعودت عليهم رغم انني اخفيت عنهم حقيقتي. ذاع صيتي في القرية فأنا احمد اسطنبولي القادم من اسطنبول بسبب مشاكل عائلية واعمل مع اكراد من العراق في هذا الحقل.. هكذا اشتهرت قصتي في القرية ولا سيما بين طالبات المدارس عندما أمر قريبا من المدرسه الثانوية.

تعرفت على اشخاص ظرفاء وتوطدت علاقتي بهم الى ابعد حد.. وبت لا افارقهم لا في افراحهم ولا في أحزانهم ولكن ماذا لو كانوا يعرفونني كعراقي؟

علاقتي بأصدقائي بدأت تضطرب ولاسيما بعد أن تودد الايرانيون الي.. وبت احضر جلساتهم وحفلاتهم والولائم مما ادت هذه الامور الى توتر علاقتي بأصدقائي ممن لم يرق لهم

ما يحصل وحاولوا كشفي في اكثر من خطة ولكنهم فشلوا.

اقترحت روناك ان اترك الجني وان اساعد ابنتها جرا وتعلمني تغليف الفواكه في صناديق خشبية ولتكون جاهزة للتسويق.. لم اتردد في قبول الفكرة فانا منذ فتره أعشق الجلوس بقرب ـ جرا ـ ولاسيما انني الان المس يديها اكثر من خمس مرات يوميا لتعلمني وظيفتي الجديدة.

مرضَت ـ جرا ـ وكان عليها ان تُغادر الى العراق للعلاج.. فهي تُعاني من آلام الرأس ولا تستطيع الصبر اكثر، فالصداع دمر سعادتها.. سألتني فيما لو كنتُ اريد شيئا من العراق بعد أن ترجع.. لم اطلب سوى السلامة فيوم وداعها كانت ترتدي اروع ما لديها وتفننت هي في جعلي انشغل بها طيلة فترة غيابها.

اقترب العمل على الانتهاء كليّا في الحقل.. كنت انتظر رجوع ـ جرا ـ بفارغ الصبر واسأل اختها كل يوم عنها.. وفعلا توقف العمل فجأة واستلم الجميع الاجور وحان وقت المغادرة.. روناك طلبت منا البقاء في الغرفه فلعلها ستأخذنا الى شيراز عندما يتم الاتفاق مع احد الوسطاء للبدء في العمل هناك في احد الحقول.. ولكن لم تجر الرياح بما نشتهي نحن فالانتظار قد طال والوقت كالسيف.

جاء من طهران شخص يدعى نزاد الحيدري يدعي بأنه

عمل مخرجا في تلفزيون الحزب الشيوعي.. كان شاعرا وعازف جيتار بارعاً رأيته يعزف عندما زرنا صديقه بائع الجيتار الايراني ـ أرش ـ في منطقة تجريش الايرانية ويتقن فن الصباغة باحتراف.

ادعى ايضا انه يُحضر الارواح وكان يعتمد على أحد معاونيه،وهو شخص يُدعى علي لطالما كان اليد اليُمنى لروناك في تسيير اعمالها.. أعجب نزاد كثيرا أن نعمل سويا واستغل فكرة الكنوز المدفونة في ايران.بمساعدة احضار الجن وكان يدعي بأنه يتقن السحر، فقرر ان يباشر بالفكرة والعمل لمساعدة الايرانيين في الكشف عن الاثار المدفونة.. لأنها تدر اموالا طائلة.

عرضت الفكرة على واحد ممن اثق بهم من اصدقائي الايرانيين.. فلاحظت اهتماما كبيرا منه ثم خاطبني بكل جدية:

ـ احمد.. (خاطبني احدهم):

ـ عندما كنت انت ترانا نأخذ معاولنا بعد منتصف الليل كنا نحن نبحث عن كنوز دفينه وها أنت قد انقذتنا.. عن طريق صاحبك فنحن باحتياج لهكذا شخص. (سكت ثم اخرج سيجارة وضعها في فمه ثم باشر الكلام):

- احمد لقد امسك بنا النظام الايراني وصادر كل ما وجدناه من الكنوز فخسرنا كل شيء.. هنا في المنطقه توجد كنوز كثيرة.. والمكان مليء بالقرى المدفونة التي فنت في السنين الماضية وتستطيع ان تجد معالمها بكل سهوله بعد ان تحفر اكثر من ٢٠ متراً تحت الارض.

- بلغ شيخك هذا ليقابلنا وسندفع لكما ما تشاءان.

قال احدهم.. ثم أيده الباقون بشدة.

أخبرت نزاد بموافقة الآخرين فأعرب عن ارتياحه والمباشرة بالعمل. الساعة الثانية وفي ليل مقمر صاف التقينا في مقبرة وكان الشباب يحملون معاول للحفر.. فقد كان علينا ان نكتم الامر ونتحرك بكل سرية فالنظام يحاسب بشدة على مثل هذه الامور وعواقبها فعلا وخيمة لا تُحمد عليها.. انطلقنا وكنت اتبع نزاد في مسيرته هو يكلمهم بالفارسية وأنا اخاطبهم بالتركية. أخرج جواد وهو شريكهم رقعة ثم بدأوأ بتحديد المسير ثم قال: هنا يجب ان تكون ويجب علينا ان نتأكد كيف نبدأ بالحفر من جهة اليمين ام اليسار.

- سوف ينام احمد (أنا) قال نزاد: ومن ثم سأبدأ بجلب الارواح للتأكد من وجود الكنز قبل الحفر.

استلقيت على ظهري فوق التراب ثم بدأ نزاد بترديد

طلاسيمه.. بدأ جسدي بالنهوض تارة والاستلقاء تارة ثم امر يدي بإرشادنا الى مكان الكنز.. تحركت يدي اليمنى ثم عادت مستلقية كما كانت.. سألني نزاد هل رأيت احدا من الجن فأجبته بالنفي.. سألني الجميع ما حصل لي فأخبرتهم بأن جسدي ويداي تحركتا رغما عني.. وفعلا هكذا كان ولم أكذب بحرف، فقد احسست لا تلقائيا بارتفاع وتحرك يدي بدون ارادتي.

باشر الكل بالحفر اكثر من ٥ ساعات ووصلنا بالحفر الى اكثر من ١٠ امتار، فالشباب كانوا اقوياء ولم يشعروا بالتعب.. اذ أن السنين الماضية التي قضوها بالحفر كافية لتقوية سواعدهم والمضي قُدما بالحفر من أجل الكنز دون كلل.

بعد ساعات من العمل الشاق خاب ظن الشباب، فكل الذي عثروا عليه مطبخ تحت الخراب واوان قديمه لا قيمة لها.

ـ تباً هذا المكان لا يدل على وجود الكنز فلقد قضينا اعمارنا في الحفر وكان علينا ان نتأكد من علامات ودلالات على وجود كنز او لا في هذا المكان.

غادرنا المكان بكل هدوء وحذر.. بعد أن غطينا الحفرة الكبيرة ثم عدنا الى بيوتنا مرهقين.

بعد أيام سمعت بعودة ـ جرا ـ من العراق.. وذهبت على

الفور لاسأل عنها.. وما أعظم فرحتي عندما فتحت هي الباب وسلمت عليها باشتياق. بعد ان انهيت الزيارة غادرت.. فجأه استوقفني نداء جرا باسمي الحقيقي: رياض..

هي الوحيدة من تعرف اسمي الحقيقي اضافة الى عدنان اول صديق لي في ايران.

ـ هذا الكاسيت للمطرب هيثم يوسف جلبته خصيصا لك.

كدت اطير من الفرح لاستلم شيئا وألمس مجددا يدها وهي تناولني هديتي.. ولكن بعد هذه اللحظة بأيام قلائل لم يبقى منا إلا الذكرى في هذه القرية التي قضينا فيها اوقاتاً رائعة.

كان نزاد معجباً بروناك ويتصنع أمامنا بأنه يحبها كأخ ولكن بلا جدوى، فحديثه عنها قد فضح مدى عشقه لها.. لم ترق لي طبيعته، فهو كالثعلب يبحث عن مصلحته وحسب.. وبعد فترة اختفت روناك من القرية كأنها شيئا لم تكن هناك. مما ساعد على بث الاشاعات بأنها كانت عميلة للمخابرات الايرانية وتتمتع بنفوذ قوي في المنطقة وإنها على علاقة وثيقة بأهم رجال الساسة في ايران. اشاعات لم أحكم عليها لا بالنفي ولا بالقبول، فلقد كانت لطيفة معي ولا يهمني ما رُوّج عنها من اشاعات بعد اختفائها المفاجئ.

١٢٨

التحرك الى برديس:

تحولنا الى غجر متحضرين الآن بعد الارتحالات المتعددة من حقل الى آخر.. كان الجو قاتلا.. كالجمر يكاد يحرق الاسفلت من اشعة الشمس التي لا ترحم الجماد ولا البشر.. سننتقل مع عدنان ونزاد وبعض الاشخاص ممن بقوا معنا الى برديس.. مدينة جديدة تم تخطيط بنائها ايام شاه ايران وباشرت الحكومة الايرانية بتطبيق خطة البناء في عام ١٩٩٩.. حيث يسكنها القليل من السكان في الابنية التي تم انهاء بنائها.. العراقيون الاكراد الذين ساهموا في البناء انهوا اعمالهم ورجعوا الى العراق وقسم منهم قد غادروا الى تركيا كبداية رحلة الى اوروبا.

وصلنا برديس ففيها اسوأ العراقيين الاكراد او العرب او حتى التركمان.. عراك واحتيال تخلو من الرحمة.. لم ارتح فيها عملت مع نزاد في الصباغة وكان يحتال على الايرانيين حيث اوهمهم بأنه يستطيع إحضار روح الامام علي (عليه السلام) لهم وهم في بيوتهم.. وانه يستطيع ان يكشف السرقات وكشف سلوك الأشخاص السيئين وما شابه من ترهاته المجنونة والمصيبة ذوي العقول الخفيفة يصدقون، وكان له نصيب كبير من الهدايا المقدمة من السكان. لم ترق لي طباعه.. ثم مالبث ان ذاع صيته وبدأ بإجراء عمليات التنويم المغناطيسي

على شخص كردي يدعى علي وآخر ايراني كان في العشرين من عمره.. استمر الحال كذلك الى أن وصل الى برديس اربعة اشخاص كانوا يحتالون على الشباب العراقي ويدفعونهم لبيع الكلية بالتعاون من المخابرات الإيرانية يُستدرجونهم للوقوع بالفخ ثم يتم اسكانهم في غرفة فيها اكثر من ١٠ افراد من الضحايا والتي تسعهم بالكاد.. ينتظر الفرد دوره في عملية استخراج كليته تحت موافقته بعد ان يتم اغراؤه بالمخدرات ويكون تحت تأثير المخدر الى يوم اتمام العملية.. وبعد الانجاز يُرمى الضحية في الشارع مع مبلغ ١٠٠ دولار ويستقطعون ايضا ما استهلكه من مخدرات ومأكل ومشرب. اسلوب قذر شارك فيها سه ركوت واحمد الفيلي.. كانا يجيدان عمل تركيب الزجاج والسيراميك وبعض الحرف اليدوية ايضا..

قدما الاخيران الى برديس هربا من العدالة ومن ذوي الضحايا ثم ازدادا تقربا من نزاد وكانوا ٤ اشخاص.. في تلك الفترة عانت المنطقة من سرقات بسبب العمال العراقيين الذين وصلوا في الفترة الاخيرة فخطر لي ان اترك المكان مهما بلغ الثمن.

هجر عدنان برديس ليعمل في احد المصانع المحلية في منطقة شهريار ـ طهران.. اما انا فتركت العمل مع نزاد في الدهان وعملت كحداد مع احد المحتالين الايرانيين.. سكنت

معنا زمرة من عصابة وكان علينا ان نتحمل اعباءهم.. كانوا يعتاشون على ما نكسبه من قوت.. لم يكن لدي خيار آخر للعيش حتى الاستحمام كان حُلما بالنسبة لي.. وفي احد الايام وصل الى عدنان نبأ معاناتي ورغم اننا كنا نتخاصم في كل الاوقات الا انه جاء لكي يساعدني.. تخلصنا بأعجوبة ممن كانوا هناك ثم توجهنا بسيارة اجرة الى منطقة شهريار وبالتحديد ـ اسد اباد ـ ـ .

الشخصيات الاكثر إثاره في المصنع الصغير هما امير خان المدير وحسن كشاورزي وهو شقيق المالك الذي عمل في اليابان بأعمال مشبوهة لكي يجمع ثورة ويرسلها الى ايران.. العائلة بأكملها تنفي ما تملك وكانوا يدعون الفقر ولم يكن احد في القرية يرغب في ان يتعامل معهم نظرا لسوء اخلاقهم والبخل.

عملت في هذا المصنع اكثر من سنة وكانت تصنع فيه قطع غيار للسيارات.. كنت على علاقة جيدة مع عدنان إلا ان علاقتنا بدأت تتوتر عندما ارتبطت بعلاقة مع فتاة ايرانية كانت غاية في الجمال تدعى مريم.. فبدا يتعقبنا كالمخبر السري بطريقة لم اتوقعها من صديق.

زيارة كردستان العراق ٢٠٠٠:

اشتقت ان ازور العراق قليلا وبالتحديد اختي وابنها اذ لم يصلني اي رد على رسائلي التي بعثتها لها.. اخبرت عدنان وأمير خان بفكرة الزيارة فلم يُمانع.. كوابيس اعدامي كانت تزورني في اوقات النوم.. مشاهد لا تُصدق ولكنني كنت اعي بانها كوابيس فقط عندما كنت افيق منها. عدنان بدأ يضايقني وغروره زاد من توتر العلاقة.. نحن في بلد الغربة وكان لزاما علينا ان نتجاوز الامور السلبية ولكن دون جدوى. عدنان لم يكن متأكدا من ذهابي واعتقد بأنني سأخاف من تنفيذ فكرة الزيارة وتفاجأ لحظة ذهابي.

في صبيحة احد الايام.. سافرت الى مريوان الايرانية القريبة من حدود باشماخ العراقية.. مررت بسلام من نقاط التفتيش التي تملأ منطقة كردستان ايران.. العديد من

الاشخاص العراقيين تم القبض عليهم وانزالهم من الحافلة بقيت انا فتصنعت بأنني نائم وما ان تحركت الحافلة مررت بنظري على المقاعد الخاليه من اصحابها ثم عدت فأغمضت عيني مبتسما فالخطر قد زال.. والان سأصل كردستان العراق بسلام وبالتحديد باشماخ العراقية ومن ثم الى بنجوين.

لدي ثقه كبيرة بنفسي الان.. فأنا الان اجيد التكلم بالكردية والفارسية بطلاقه وعندي ما يكفيني من المال.. اعترضني صبي في ١٨ من عمره في منطقة بنجوين العراقية وكان يحمل سلاحا فأتضح لي انه شرطي.. تكلم معي بحده فسخرت منه وأخبرته ان يتحلى بالأدب فوصل الامر الى الشجار بيننا الى أن تدخل احد المواطنين الاكراد لينصفني.. انتهى الشجار وشكرت الرجل على طيب اخلاقه ثم مضيت في طريقي مستقلا سيارة اجرة الى السليمانية.

وصلت الى جم جمال وزرت الرجل الذي طالما استقبلني في بيته ـ أـ فاستقبلتني عائلته بكل كرم ضيافة وازدادوا فرحا عندما كلمتهم بالكردية.. احسست نفسي شخصا مختلفا هذه المرة.. قوي لدي ثقة كاملة في نفسي رغم انني لا املك جواز سفر وملاحق من قبل القانون.. حان وقت الغداء ولم يلبث كثيرا حتى جاء ـ أـ سلم علي بحرارة غير مصدق رؤيتي.. تغدينا ثم شرحت له ما عانيته من مصاعب وسجون في ايران

واني الان اعمل واموري قد تحسنت بشكل كبير.

ـ كنت واثقا من انك ستعود لتخبرني بذلك لأنك ذكي يا رياض. قالها بكل راحة.

سألته عن اختي فامتعض وجهه ثم اخبرني انها في سجن النظام.. لم يخبرني بأنها كانت تتلقى التعذيب امام عين ابنها.. اضافة الى اخي وسام الذي نال نصيبه من الضرب، اما باقي اخوتي فتخلصوا من السجن بأعجوبة.. اصدقائي كانت لهم حصة من الضرب وبعضهم تلقوا تهديدا بالسجن.

امضيت اياما في جم جمال لم يرق لي ما اسمعته، كل شيء محزن.. فهاهو ـأـ مهدد بالسجن وانه لا يستطيع دخول محافظة التأميم بسببي فقد كُشف امن الدوله بأنه ضالع في تهريبي الى الجهة المعادية اي كردستان.. في الساعه ١٢ ليلا قُطع التيار الكهربائي فافترش ـ ا ـ في نفس الغرفه التي سأنام فيها لكي لا يتركني وحيدا.. خلدنا الى النوم في الغرفة المظلمة ثم بدأ الكابوس يسري بخطواته ويغزو نومي.. حبل المشنقة يتدلى بالقرب من رقبتي وصوت الحاكم وهو يقرأ الحُكم:

ـ حكمت المحكمه باسم الشعب على الخائن رياض محمود عمران بالإعدام شنقا حتى الموت.

اقترب الحبل من الرقبة وما ان لامستني.. حتى استيقظت من الكابوس هلعا صرخت ـ لا ـ فنهضت على الفور ثم

ركضت من نومي بلا هوادة لاصطدم بحائط الغرفة.. احدث ارتطامي صوتا قويا كان كافياً لإيقاظ كل من في البيت.. امسكني ـ أ ـ وحاول ان يُهدأني من شدة الفزع.

ـ لن ابقى سأرحل غدا صباحا. وشرحت له الكابوس ثم اخبرني ـ أـ ان الكابوس نفسه قد زاره.

في صبيحة اليوم الثاني توجهت الى ايران وكالعاده دخلت بطريقة غير شرعية مع مهرب ولم يطل بي الوقت لأصل طهران.. وصلت الى المعمل تحت دهشة عدنان وغيظه من هذه الجولة السريعة اذ لم يتوقع مني ان اعود.. وبهذا توقف هو عن سرد قصصه وانه بطل لأنه زار العراق وعاد.. لم اكن اكثر سعادة بعودتي لأنني خلفت ورائي مشاكل لا يستهان بها.

الحب وأشياء أخرى:

شهريار مكان ملىء بالحقول وجميل جدا، ان تشعر بشيء من الاستقرار وان تكون وحيدا لكي تُعيد حسابات الماضي والآتي.. ساعدت عدنان كثيرا عندما غادر الى تركيا فشعر بالاحباط ثم رجع الى العراق ثم الى شهريار.. ولم يكف عن ايذائي، فلربما سوء الفهم كان السبب الاساسي او كونه يشعر بنقص وهذا هو سبب تدخله في كل شيء لكي يثبت شخصيته.. عيبه الغرور رغم اعترافي بذكائه في العمل..

ولكن ان يحفر لصاحبه مكائد خفية كانت مصيبة اخرى ولكنه ودود مع من تربطه معهم مصالح شخصية..

عشت قرابة ٣ سنين في ايران منها ايام العسل ومنها ايام الحنظل المُرة.. الى ان عرض علي احد الشباب الايراني يدعى محمد الزواج من اخته اكرام فوافقت على الفور. ولكنه اشترط علي أن اخفي مذهبي السُني وان أمثل عليهم دور الشيعي. كنت حينها في ٢٥ من العمر وتلك تجربة من نوع خاص في بلد غريب.

المشاكل الطائفية في ايران اشد.. يكفرون السنة ولكنهم لا يعلنون عنها ويظهرون الود ولا يبرزون العداء بشكل ظاهري وبطريقة بارعة.. وما زلت اذكر الموظف الحكومي عندما يكمل اوراقك الرسمية يسألك:

- ماهي ديانتك؟ مسلم (اي شيعي) ام سني. وهذه الاسئلة الشائعة موجودة في قائمة الاسئله بعد الاسم والكنية والعمر.

استغربت كثيرا ففي العراق لانملك مثل هذه الترهات فالسنة والشيعة لم يفرقهم يوما اي معتقد وما أراه غريب.. ومن المفارقات التي تؤكد لي كرههم لنا كالقصة التي واجهتني مع الفتاة الفارسية التي كنت خطبتها:

تقدمت لخطبة الفتاة - اكرام - بعد ان جلسنا لساعات لنتفهم وجهات النظر والاستماع لشروط المقابل.. ومما لااخفيه بانني

قد اعجبتني، طولها وأخلاقها وذكاؤها وطبعا جمالها.. اخبرني احد اصدقائي الايرانيين بأنهم في فترة الخطوبة يقوم الشيخ بقراءة كلمات والعملية تُدعى ـ السيغة ـ اي ان يُحل المرأة للرجل طيلة فترة الخطوبة وتكون على ذمته كما انها زوجته. والطريف بالامر ان الشيخ الذي حضر وأتم موضوع السيغة كان شاذا جنسيا وحُبس بتهمة اللواط فالقصة تقول:

في احدى الصلوات اعجبه طفل قاصر كان يصلي وراءه فحاول اغتصابه الا ان الطفل نجح في الفرار ثم سُجن الشيخ.. علم والد الشيخ بهذا الامر ثم زار ولده في الحبس واشترط عليه بأنه سيخرجه من الحبس اذا كف الاخير عن لبس العمامة والزي الاسلامي.. ولاضير من لبسها في المسجد وفي وقت الصلاة فقط.. وبعد ان وافق ابنه على شروط ابيه اخرجه والده بكفالة.

قصة عجيبة.. والمصيبة لم نجد احدا غيره يتمم علينا موضوع الخطوبة في ذلك اليوم. بعد اشهر فكرت ان ابعث برسالة الى ـ أ ـ عساه يُخبرني شيئا عن اختي وابنها.. وشاءت الصدفة ان تصل الرسالة الى يد زوجها الذي عاد من بريطانيا في زيارة الى السليمانية ليتفقد احوالهم والتخطيط لتهريبهما الى كردستان العراق ليكونا بأمان.

كنت قد كتبت رقم هاتف منزل اكرام.. وبعد شهر جاءني

محمد ليخبرني بان زوج اختي اتصل من لندن ويريد ان يُكلمني في اقرب فرصة.. لم تسعني تلك اللحظات فتركت محمد في المعمل لكي يتسنى لي التحدث مع زوج اختي.

حل شقيق اكرام مكاني في العمل.. فرحت جدا فقد غيرت تلك المكالمة مجرى حياتي كلها.. فقد كنت مدفونا في ايران بلا أمل وهذا الاتصال بصيص امل سيفرج عني كل معاناتي.

رن الهاتف.. قفزت خطيبتي بفرح لتناولني سماعة الهاتف.. سارعت في تناول السماعة لأستغرق معه في حديث طويل.. ثم طلب مني ان أجلب اختي الى ايران لكي يتسنى لنا اكمال اوراقها وإرسالها الى بريطانيا.. لم اتردد بالقبول فوافقت على الفور ثم انطلقت الى كردستان العراق بعد ايام من الحديث معه.

السفر الى السليمانية:

في ذلك الوقت من عام ١٩٩٩ بدأت العوائل في السفر الى اوروبا عندها يبدأ رب الاسرة بإكمال اوراقهم من داخل البلد الاوروبي الموجود فيه لسحب ابنائه وزوجته الى بر الأمان.. بعث زوج اختي اوراق الدعوة الى ايران لكي اكمل لها الاجراءات بعيدا عن فخ المهربين وبذلك تم توفير مبالغ طائلة كان من اللازم صرفها ولكن تداركنا ذلك حيث ان كل

شيء متوفر لدي فلا حاجه لي لصرف ذلك المبلغ ولا حتى ان استعين بمترجم او حتى شخص ليكمل اوراق السفر لأختي.. فأنا اجيد اللغة واعرف طهران وكل مسالكها وشوارعها.

وصلت الحدود الايرانية العراقية في الفجر.. وإثناء محاولاتي لقطع الحدود الايرانية باتجاه باشماخ العراقية.. القي القبض علي وتم اخلاء سبيلي بعد ساعات.. هكذا يحصل دائما مع كل من يحاول الرجوع بطريقة غير شرعية الى العراق.

بت ليلة في بيت احد الاقرباء ثم قادني احد المعارف الى مكان تواجد اختي.. وصلنا الى مكانها فطلبت من الشخص الذي قادني اليها ان انتظر في الباب وان يكون مجيئي مفاجأه لها.. اخبروها بشخص يود مقابلتها.. ظهرت عليها بوادر القلق ثم ما لبثت ان ظهرت من وراء الباب.. لحظة اللقاء بأختي كانت حلما وأنا احضنها احسست فعلا بأن في تلك اللحظات بأنني كنت ضائعا وها أنا اجد اهلي بعد عناء غربة لم ترحمني ابدا.

مكثت اياماً قليلة في كردستان العراق.. فقررت ان اعجل في السفر الى ايران فأخذت اختي وابنها متوجهين الى طهران.. كانت تملك ورقة مرور وقتية تسمح لها بالدخول الى مريوان ـ محافظة ايرانية ـ ولكن يجب ان تحصل على امر الدخول من المحكمة ولا وقت لي لكي ننتظر فاضطررت الى

اللجوء الى طريقة غير قانونية لكي تعبر بسلام الى طهران.

بعد ٢٤ ساعة من وصولنا وبعد جهد كبير والتعب الذي عانيناه في الحدود الايرانية العراقية وصلنا الى طهران.. استقبلتني خطيبتي وأهلها بفرح كبير في احتفال متواضع كتعبير عن مدى سرورهم بوصول اختي سالمة.. رجعت الى مكان عملي في المعمل لأباشر العمل من جديد.. جاء الي احد الاكراد العراقيين ويدعى ـ سوران ـ وبدأ بسرد مقدمة عن حياته العملية، وأخبرني ايضا انه على علاقة مع ابن شقيقة خامنئي المرشد الاعلى في ايران وحاول ان يقنعني بانه قادر على اكمال اعمال الجالية العراقية في ايران مهما كانت الاوراق معقدة.. فأجبته مبتسما بأنني لا اقل عنه في الترجمة وأنني قادر على انهاء الاوراق بنفسي.. لم يلق الاخير هذه الاجابة برحابة صدر وبدأ يسخر من قدراتي لانجاز اعمالي بنفسي ثم تركته ومشيت دون الاصغاء الى نصائحه.

ابدأ العمل الساعه ٦ عصرا وانهيه ٦ صباحا.. المعمل توقف عن العمل والعمال غادروا استنكارا على سياسة امير مدير الادارة.. اضافة الى ان المعمل لم يُخلص في العمل لأنه يعتمد على الغش في تصنيع مواده.

ترك الجميع العمل.. باستثناء انا وأمير.. كنت استعين في حراسة المعمل بثلاثة كلاب غالية الثمن. كنت انهي عملي

السادسة صباحا وبعدها اتوجه الى منزل خطيبتي حيث اقامة اختي ونتوجه الى طهران التي تبعد عنا حوالى نصف ساعة لإتمام اوراق اختي.. واستمرت على هذا المنوال قرابة ثلاثة شهور.. لم تمض على خير، فقد واجهت اختي خطر الترحيل الى العراق.. ولم يروق لمدير الهجرة ان يُسهل امورها للسفر.. حتى الامم المتحدة الموجودة هناك عجزت عن مساعدة اختي وفي احدى المرات طردنا ضابط الجوازات من مكتبه ورمى أوراق سفرها علينا ثم اجبرنا على قبول الامر الواقع بتسفير اختي الى حيث اتت.. في صالة الانتظار احد العراقيين اخذه الفضول في معرفة ما يجري فأخبرته بما حصل وعلى الفور انقذني بفكرة ان اشتكي عند المدير العام للقانونية فهو رجل طيب لا يرد مظلوم وبالفعل نفذت الفكرة.

دخلت عليه اشتكي من الجور والإهانة التي تلقيتها على يد ضابط الجوازات.. شرحت له القضية وكيف طردنا الضابط وان حياة اختي وابنها في خطر لو تم تسفيرها وكل ما هي بحاجه اليه تيسير امور سفرها وهذا الشيء الذي بات مستحيلا الآن..

اتصل مدير القانونية بالضابط وأنبّه بكلمات قاسية كانت كافية ان تطفئ نار الغضب التي بداخلنا واكتفيت بالشكر للمدير.. وكل ماعلينا ان نحصل على موافقة من المحكمه

التي ستسمح لاختي بالبقاء في ايران لإكمال اوراقها.

انتهت المحكمة بتغريم اختي ٣ دولارات ليتسنى لها السفر القانوني.. في دائرة الجوازات طلبوا منها كفيلا قانونيا.. اخرجت اوراق اقامتي فتكفلتها وبذلك طوينا اطول صفحة من معاناة اختي في ايران.

وقبل السفر كانت صلاة اختي السنية كفيلة ان تفتح لنا مشكلة من نوع طائفي آخر وكشفت كذبتي التي كنت قد ادعيت بأنني شيعي، فهم قد راقبوا صلاة اختي وكشفوها بسهولة. وكالعادة في مثل كل يوم بعد العمل توجهت الى بيت اكرام.. لم يسرني ما رأيت.. اختي وابنها جالسان في فسحة الدار يبدو على وجههما الحزن والخوف معا.. وخطيبتي خرجت لتوها من المستشفى بسبب سماع اخبار حقيقتي السُنية.. وهي راقدة مغشية عليها وفي يدها قد ثبت انبوب المغذي.. لم يرق لي المنظر لأنني اعلم ما سينتظرني من متاعب وعلي الاستعداد والمواجهة بكل حكمة وبلا غضب.

التشيُع:

اذن الأمر انكشف وعليّ التشيع.. هكذا طلبوا مني.. لم اكن اعير اهتماما لأمر التشيع فكل ما يهمني اختي.. انا لم ارتد عن ديني بل الشيعي كالسني ولا فرق بينهم عندنا في

العراق، فالاثنان يؤمنان بالله وأما بقية الفوارق فهي مرتبطة بثقافة حاملها.. إلا ان المتطرفين بنوا هذه التفرقه بعد ٢٠٠٣.. عملية التشيع في ايران هي كالآتي الاغتسال ثلاث مرات.. الرأس والجانب الايمن والأيسر.. وآخرها نطق الشهادتين وبأن عليا ولي الله.

لم ارفض.. بل رفضت أن انفذ مطلبهم المجنون مما أثار غضبي.. وهو ان أُختن وهذا الامر مستحيل.. فكيف سأختن مرتين؟ حاولت ان اقنعهم مرات وان اكتبها في قاموس ادمغتهم ولكن بلا جدوى.. والعجيب انهم اكدوا لي ان السني ليس بمسلم بل ولا يعترف بأمور الاسلام.. اما والدها العجوز فقد كشف لي عن فكرته المأساوية وذلك ان لكل سني ذيل قصير كعقوبة من الله على عصيانهم له.. جُننت من اقوالهم وهممت بنزع سروالي فمنعوني من ذلك.. لم تكن تلك الحالة لأصل اليها لولا عناد اختي فأنا في وضع صعب فعلا... ولكن في النهاية رضخت لأمور التشيع كونها لا تضر ولا تنفع.. اما موضوع الختان فبمعجزة ربانية اقنعتهم بأننا في العراق نختلف تماما عن ما درسوه في كتبهم عنا من اكاذيب صفوية.

بعد ٣ شهور اكملت اوراق سفر اختي وحان موعد سفرها.. التذاكر ألان جاهزة وهي الان في لندن بعد خمس

ساعات رحلة من طهران الى لندن.. لقد وعدتني اختي بأن تنقذني وها انا الان استعد للمغادرة ولكن التحلي بالصبر مهم.. فالإجراءات ليست سهلة.. اما عن اسمي الجديد فانا اسمي الان العُمَري اسوةً بسيدنا عمر.. ولكن أسرة خطيبتي لقبوني بهذا اللقب لانني كنت اكره ان اكل بعض انواع أطعمتهم.. وفي كتبهم روايات ضرب علي عليه السلام لعمر بسبب كره الاخير ان يأكل من الاطعمة التي يختارها علي له وحاشا ان يكون الامر كذلك، فكلاهما من احباب الرسول ـ عليه الصلاة والسلام ـ .

اليوم صباحا وكل القنوات التلفازية نقلت حدثا مفاده ان طائرة اخترقت المركز التجاري الامريكي.. والإيرانيون فرحون ـ احداث سبتمبر المشؤومة ـ .. اخبرني محمد ـ اخوها ـ بأن امريكا قد انتهى أمرها وإنني سأكون اكثر راحة من اختي المتواجدة في اوروبا.. تظاهرت بقبول رأيه ورحبت كثيرا به فقلت له ان ايران اعظم مكان يسكنه الانسان وإنني لن اتركه حتى أدفن فيه.. سرّه كلامي جدا ثم عاد ادراجه الى البيت بعد ان ترك لي الصحيفه التي نشرت الخبر.

حضر صديق قديم لي من كردستان العراق من منطقة حلبجة التي قصفها صدام بالسلاح الكيميائي سنة ١٩٨٨ وكان والده احد ضحايا القصف ورغم ذلك ففرج كان يُدافع عن

صدام بشدة رغم انه كردي. اسكنته معي ثم اخبرته بان يجد لي مهربا يثق به ليساعدني على الهروب الى تركيا.. وعدني فرج بأنه سيتكفل بالامر ثم وجد عملا كحداد في منطقة قريبة من اسد اباد الواقعة ضمن خريطة شهريار.. اقنعت اكرام بأن علي ان اجلب كل مستمسكاتي من العراق للتطوع في احدى مؤسسات الدولة وفي نفس الوقت اتفقت مع فرج في ان يقبلني ضيفا مؤقتا عنده في المحل.. وافق صاحب المحل الايراني المُغرم بالمخدرات بأن اقضي انا وابن اخت فرج المدعو فؤاد كضيفين في المحل الى ان يحين موعد مجيء المهرب من تركيا.

الهروب الى تركيا:

لم تكن فكرة الهروب سهلة كما كنت اعتقد.. فكل شيء اصبح مخيفا.بمجرد ان اختبأت في المكان الذي يعمل فيه فرج.. قبل ان اختبئ بعت اغراض البيت الى احد الاشخاص ومن ثم سلمت مفتاح البيت الى اكرام وأخبرتها ان لا تدخل لتنظيف البيت الا بعد ٣ ايام.. وبعد انقضاء الأيام الثلاثة دخلوا الى البيت ليتفاجأوا بان البيت فارغ ولا يوجد اي اثار للأثاث ولا اي مؤشر لرجوعي.. أما زوج اختها الذي يعمل في حزب الله كضابط مهم فقد كتب عن تقريراً يفيد بأنني جاسوس

وبحوزتي اسلحه وصور.. وسبب هذا التقرير لأنني قد دفعته لدفع مبلغ التامين لصاحب الدار الذي اسكنه مقداره اكثر من ٣٠٠ دولار انذاك.. وهو شخص معروف ببخله.

كنت مع فرج ولم يخطر ببال احد منا ان يُكشف عن مكان وجودنا.. فهو ما أن وجد العمل حتى اختفى عن انظار الناس ولكنه خبأني في مكان عمله لكي يضمن نجاتي منهم اضافة الى ذلك فان المهرب في الطريق الى ايران.

في صبيحة احد الايام استيقظت من نومي وكان فرج يعمل بشكل عادي في اعداد بعض الشبابيك.. ولم اجد ماء لغسل الوجه.. غضبت ثم ارشدني فرج الى معمل الموزييك الذي لا يبعد عنا سوى مئات الامتار لجلب الماء. حاول فؤاد ان يقوم بذلك فمنعته وأخبرته بأنني سأذهب بدلا عنه.. وافق فؤاد ثم أخذت الدلو لجلب الماء.. وما ان وصلت الى حنفية الماء دنوت برأسي تحت الماء البارد للتخلص من حرارة الجو.. لم يطل استمتاعي ببرودة الماء فصوت فؤاد قطع علي استجمامي.. لم يكن كأي صوت، فقد كان ممزوجا بالرعب والقلق معا.. فؤاد يركض نحوي وتكاد انفاسه تنقطع من الجري:

- جئت احذرك من والد خطيبتك فقد كشف مكاننا.

رفعت رأسي متفاجئا بالخبر ثم صحت به:

- كيف؟

- لا أعلم.. ما ان خرجت انت حتى نزل هو من سيارة الاجرة وصاح بخالي وأخيرا وجدتك يا فرج.

- وكيف علم بالمكان؟

- والله لا اعلم ولكنه جالس مع خالي الان في مكتب الدكان.. يتحدثان بكل جدية عنك واخبرنا بأنه تم رفع تقرير عليك في المخابرات الايرانية.. وقد أمهلك ١٠ ايام لكي تُسلم نفسك او ان يقبض علينا.

- مجنون ـ تمتمت ثم باشرت بالقول: حسنا سنذهب خلسة الى المحل اعطني بنطالي وقميصي وسأتوجه الى طهران وأعود في وقت الغروب.

كنت اسمع تهديده وهو يتكلم بكل صرامة.. عجوز عمره فوق ال ٧٠ الا انه يدرك الامور وله فراسة غير عادية في معرفة الاشخاص ولكنه كتوم.. اعتبرته الان تحدياً بيني وبين المخابرات الايرانية.. اما ان يمسكوا بي وهذه المرة سأكون قد انتهيت، واما ان اكسب التحدي واكون قد قطعت شوطا كبيرا من حياتي لانجو بجلدي فانا الان مُطارد من قبل عناصر صدام الامنية وعناصر الأمن الايرانية.

توجهت الى طهران.. وبت على هذا المنوال مدة اسبوعين.. وفي احد الايام انهكني التعب وغلبني النوم وكنا نحن الثلاثة

نائمين في الدكان.. الى ان سمعنا صوتا يحاول فتح الدكان ولكنه توقف وكأنه رجع عن فكرة فتحه ثم استدار ومشى. بعد ايام عاد فرج من بيت والد اكرام واكد ان القادم كان اخوها محمد حيث اراد فتح الدكان ولكنه ظن ان لا احد ثم غادر.

بعد انتظار عسير عاد المهرب من تركيا.. جاء الينا وتحدثت معه بشأن فكرة ذهابي الى تركيا.. اخذني الى بيته لأقضي فترة قصيرة لحين اكتمال المجموعة من الاشخاص وبعدها سنباشر المسير الى تركيا.

حان وقت الدفع.. ولكن المشكلة انني احتاج لان احوّل المال الى نقد.. احضر المهرب شخصا من اكراد العراق غنياً جدا وتعهد بتحويل الشيك الى نقد.. اعطيته الشيك وبعد يوم اتاني يولول وليقول بمكر ظاهر: الحمدلله ان موظف المصرف قد اخذ الشيك منه بحجة انها مزور.. قمت من مكاني ثم مسكته من خناقه فقلت له:

- فرج اخبركم بأنني مطلوب للمخابرات ولكنه نسي ان يقول بأنني لا أرحم من يسرقني.

هممت بضربه فقام الجلوس ليُخلصا بيننا ثم قذفته بأقذع السباب.

- كلا ارجوك فأنا رجل كبير ولا احتاج لمالك.

ـ أذن اعد الصك وإلا لقيت مني ما لا يسرك وهذا وعد.. سأمنحك اليوم فقط وغدا الصك سيكون في يدي.

عارضني الجميع على طريقة تصرفي معه.. ثم قلت لهم:

ـ لا تتدخلوا وإلا ستلقون مني ما لا يسركم ابدا..

في اليوم التالي أعاد الصك فأخذه المهرب ليصرفه بمعرفته ثم اتفقنا على يوم السفر.

كانت مباراة المنتخب العراقي والإيراني قد انتهى بفوز ايران والتي صادفت نفس اليوم السفر.. حزنت وأدمعت عيناي ولكن ليس من فائدة تُذكر، فالتجاهل اروع حل في مثل هذه الامور على الاقل الان.. كنت جالسا في الحافلة المتوجهة الى تبريز لكي نبدأ في تجاوز الحدود الايرانية الى تركيا.

الى تركيا:

وصلنا الى تبريز.. هناك عبّارة تنقل المدنيين الى الجهة الثانية.. تقطع البحر باتجاه اروميه وسكان تلك المنطقه هم من اتراك ايران.. تأخذك المناظر الخلابة والطبيعة التي انعم بها الله على هذه الارض الى عالم الخيال، فللبحر كلمات تعبر عنها من خلال أمواجها الساكنه التي تحرك العبّاره يمنة ويسره. وصلنا الى بيت المهرب الايراني ثم واصلنا في اليوم التالي السفر الى

احدى القرى الجبلية الايرانية.. وبسرعة كبيره كانت تقطعها السيارة نوع بيك اب عبر التواءات الجبال وقادتنا الى السُفح المخيف.. شيء خرافي فقد ظننا اننا سوف نقع اسفل القاع لو اخطأ السائق سيره.. غطت الرمال رؤوسنا لم نع ما حدث لقد دخنا من هول القيادة الى ان بلغنا القمة في نقطة معينة حيث بيوت القرويين المقيمين هناك.. نزلنا وكان علينا المشي اياما لنقطع طريق الجبال والتلال ونصل الى اماكن لم يسبق لي ان رأيت مثلها حياة بدائية لاناس يعيشون بلا كهرباء او خدمات اخرى. انهم مهربون يتعاونون مع حزب العمال الكردستاني. ويقدمون لهم الطعام والمسكن.. ويساعدون عناصر حزب العمال في جمع تبرعات جبرية من الاشخاص امثالنا تحت تهديد السلاح.. وفي اوقات اخرى تكون الجماعات من اتباعهم.. هذه المنطقة مليئة بأكراد يدعونهم - الشكاك - يحملون الهويتين الايرانية والتركية.

ندفع او نموت؟ طبعا ندفع.. - يقول الاغلب ممن يأتون في ضيافة هؤلاء اللصوص - .

دفعت بعض المال لكي استأجر حصانا قويا يساعدني في عبور المرتفعات والطرق الصعبة.. رغم انني لم اجرب الفروسية.. ولكن لوعورة المكان اضطررت أن استعين بالحصان.. كنت احاول تجنب التعب.. وان اعمل جاهدا

على ضبط النفس في هكذا مراحل. حان موعد السفر.. جلبوا لي حصاناً عملاقاً امتطيته بصعوبة.. ظننت انني امتطي ناطحة سحاب لعلوه وضخامته.. ثم انطلقنا.

وما هي إلا دقائق من انطلاقنا حتى لمحنا ضوء سيارة دوريه قادمة من بعيد.. ما ان اطلق المهربون التحذير حتى ذاب الجميع من المكان.. حاولت ان اضرب الحصان ليركض ولكن حظي العاثر لم ينجدني.. فدخل الاسلاك الشائكة على الحدود ورفض ان يتحرك..

غضب المهرب ثم انزلني بقوة.. وما هي إلا دقائق حتى اخرج الحصان من الاسلاك.. في حين ان سيارة الدورية كانت على وشك الوصول ولكن حتى تلك الاثناء كان الحصان والمهرب قد اختفيا وكأن ساحرا اخفاهما بلمح البصر. ظللت وحدي اهيم وابحث عن الباقين الى ان سمعت صوت فؤاد يصيح بي بصوت خافت:

- رياض تعال الى هنا بسرعة على اليمين.

وجدتهم مختبئين بين الصخور الى ان مضت الدورية الايرانية بسلام.. اخذت فؤاد لنمتطي الحصان معا ثم واصلنا المسير اكثر من ٤ ساعات.. وصلنا الى الحدود التركية ثم سُحبت منا الدواب لنكمل المسير سيرا على الاقدام.

كان المهرب يحمل مشتقات نفطية ليبيعها على الحدود

التركية على ظهر البغال ثم افترق عنا ليتركنا مع المهرب البديل.. وظللنا نمشي مع المهرب الآخر.. فوصلنا مقر الجيش التركي.. وكانت الاضواء تتحرك يمينا ثم يسارا لكشف المتسللين.. كل ما علينا ان نفعله الان ان نسير خلف اتجاه الضوء وبسرعة قبل ان تنتهي دورته ونكون بذلك قد تخلصنا من ذلك الخطر وقد يكشفنا نور البروجكتور فيما لو تأخرنا بالمرور.

أهلكنا التعب.. وصلنا الى اول قرية تركية تدعى ـ بابلسان ـ.. نزلنا في بيت شخص كردي، تعشينا ثم نمنا في زريبة ابقار ولم يكن طعامنا سوى الطماطم والخبز التركي. احد المهربين قال ان الطريق بعيدة وسوف يختصرها بإحضاره شاحنة وكل شخص يجب ان يدفع خمسين دولارا أضافية. ولول فؤاد كثيرا ثم ترجاني بأن ادفع له المبلغ.. وتعهد بكلمة شرف بأن يُرجع الي المبلغ فور وصولنا الى اسطنبول ثم حلف بالله وبقي للحظة.. دفعت عنه المبلغ ثم انطلقنا رغم انه لم يعجبني تنازله غير المناسب له كرجل وانطلقنا بالشاحنة وكان المهربون يدعوننا بأشنع الالقاب علاوة على كلمة عراقي كلب ولم يكونوا يميزون عربيا او كرديا. وقفت الشاحنة وبدأ المهربون انزالنا قسرا اضافة الى الشتم والضرب وكأننا قطيع اغنام. مشينا اسابيع.. ننام في العراء ونشرب الماء العكر وبعضنا

يأكل الحشيش من الجوع.. وما كانت فكرة الشاحنة إلا لعبه رخيصة منهم.

واصلنا المسير الصعب.. وكلنا امل في النوم ولو لنصف ساعة.. اما انا فقد احسست ان قدمي ليستا لي.. الى ان وصل بنا المطاف الى قرية قريبة من وان.. اخبرنا المهرب اننا سننام في بيت احد الاشخاص.. ولكن ياللهول.. المكان مليء بالأكراد ولا مكان للجلوس في تلك الغرفة الكريهة الرائحة. تركنا المهرب قائلا انه سوف يعود بعد ساعات.. ولكنه تأخر اياماً.. لاحظت وجود مهرب اخر يُدعى شيركو طبعا كردي.. فقد قدمه اليُسرى ولكنه يتنقل كالغزال بعكازتيه في الادغال والجبال وكأنه يمشي على قدمين. اقتربت منه وأخبرته ان يأخذني معه الى اسطنبول.. طلب مني اخذ موافقة المهرب المسؤول عني اولا.. فأجبته بأنه اختفى منذ ايام.. ثم طلب مني شيركو ان اقدم ضمانات بدفع المبلغ فيما لو وصلت تركيا بسلام. اعطيته رقم هاتف زوج اختي وكان مغلقا.. اجهدني الاتصال به وكل مرة كنت احاول اقناع المهرب بأن يتريث ويصدقني.. فقال لي:

- تعذرني زوج اختك هاتفه مغلق ولا استطيع أن آخذك معي اخي المحترم.

هممت بإقناعه وأخبرته بان زوج اختي سيجيبه لاحقا

لو ترك له رسالة صوتيه.. فكر قليلا ـ شيركو ـ ثم وافق على ان ارافقه في المغامرة. استودعت رفاقي وأكدت لفؤاد بأنني سآخذ الدين منه لو وصلنا اسطنبول وعدني الاخير بأنه سوف يفي بوعده فالخمسون دولار هو ربع مصرفه اليومي ولا داعي لأن أقلق.. اشاد بموقفي معه ووصفني برجل المواقف الصعبة وانه سيعيد المبلغ مضاعفاً لي.. قلت له بأن يُعيد لي فقط الخمسين دولار ولا اريد غير ذلك.. هز رأسه موافقا ثم انفصلت عن مجموعتي لانضم الى مجموعة شيركو.

أحضر شيركو شاحنة كبيرة.. لتقلنا الى نقطة معينة ومن ثم نقطع الجبل الى ـ وان ـ مشيا. لم يكن هناك اي عربي بينهم سواي ولهذا عانيت من ضوضائهم كثيرا.. بعضهم احبني وبعضهم لم يرق له ان اصاحبه في رحلته.. وما ان أصبحنا قريبين من الجبال حتى عسكرنا في قرية مهجورة ثم اقترح علينا شيركو ان ننام النهار ونباشر المسير عبر الجبال ليلا.. لكي لا نكون هدفا للطائرات المقاتله التركية ومن ثم نكون لحوما مشوية قبل ان نبلغ اسطنبول.. كما حدث للكثير من الاشخاص.

نمنا في القرية المهجورة.. فقط هياكل البيوت كانت قائمة وبعض الجدران.. أما في البناية التي نمنا بداخلها ففيها بعض السلالم التي تربط الطابق السفلي بالأعلى الذي يتكون

من جدار واحد، وأما الاماكن الباقية منها فهي مجردة من الجدران.. تغطينا بأكياس بيضاء طويلة لنقي انفسنا من رماد النار التي اوقدها البعض لتدفئنا لهيبها.. وما ان صحينا صباحا حتى وجدنا ان السماء تثلج رغم اننا كنا في الشهر العاشر من السنة وكان رماد الحطب قد غطى الرؤوس بكثرة.

توقف الثلج عن التساقط ثم اشرقت الشمس وتوجهنا الى التل لنستلقي تحت اشعة الشمس بعد ان احضروا لنا الوجبة الذهبية.. لكل شخص طماطم وخبز وب ١٠ دولارات؟. كانت الجبال تحيط بنا من كل صوب.. ولكن هناك جبال غطاها السحاب وكنت اتساءل وأنا مستلق على ظهري من سيصعد هذا المرتفع العالي؟ قطعت تفكيري وتأملي اصوات لم تكن غريبة علي.. الكل نائم ولا احد قد ايقظه صوت المروحيات.. نعم انه صوت مروحيات مقاتلة ستشوينا قنابلهم ان لم نختفي عن انظارها.. نهضت على الفور ثم صحت بأعلى صوتي:

ـ استيقظوا مروحيات تركية ستهاجمنا اختبئوا.

نهض الجميع ثم نزلوا كالوعل الجبلي من أعلى التل الى الاسفل لنختبئ خلف اعمدة البيوت المهجورة. المروحيات لحسن الحظ توجهت بشكل مستقيم لتختفي وراء الجبال المحاذية ولم تتجه نحونا.. وهكذا نجونا بأعجوبة ربّانية.

جاء عدد من المهربين من اكراد تركيا ثم اخذوا على عاتقهم مهمة ايصالنا الى وان.. انضم شيركو الينا وبهذا انتهت صلاحيته لقيادة المجموعة فهو الان تحت تصرف اكراد تركيا ايضا ولكنه يبقى هو المسؤول عنا.. وفي حال حدوث شجار او اي مشكلة اخرى فعليه ان يهدئ الامور.. صعدنا الجبل الذي كان دائما في دائرة مخيلتي ومركز اهتمامي.. فها انا وشيركو والمجموعة نصعد القمة ساعات وساعات.. انظر الى اسفل القمة ولم ارى سوى الوديان التى تحولت الى خطوط وكأنني انظر اليها من خلال نافذة طائرة.

تشاجر الاكراد فيما بينهم في اعلى القمهة.. ووصلت الى حد السكاكين.. يا للغباء نحن الان اهداف سهلة للطائرات وبين السحب التي تحيط بهذا الجبل العملاق، فماذا سيكون موقفنا الان؟.. انتهى العراك بعد وقت قصير بفضل شيركو ثم واصلنا المسير اسبوعين وبعدها اقلتنا سيارتان كبيرتان من نوع دولمش اي ـ فان ـ الى منطقة قريبة من ـ وان ـ التركية.. دخلنا الى زريبة الابقار وافترشناها ثم راح كل منا يغتسل وبعضهم صلى حتى حل الليل ونمنا.

كنت اغط في نوم عميق بعد الساعة الثانية صباحاً حتى ايقظني ضوء مصباح يدوي ودوي صوت ذبذبات أجهزة اللاسلكي التي يستعملها الشرطة للتحدث بينهم.. لم استطع

ان اركز على الشخصين اللذين سلطا الضوء على عيني ولكنهما ركزا على حقيبة سوداء صغيرة فوق رأسي، ادارا المصباح الى حقيبتي.. كنت اضع فيها المشط ومثبت الشعر وفرشاة اسناني.. تصورا انني اضع فيها المال فأخذ احدهما بسرعة وجنون يحاول فتحها ولم يستطع.. ثم حدثني بالتركية ان افتح الرمز.. تناولت الحقيبة ثم فتحتها له وناولته اياها بهدوء.. فتش داخلها وأخرج محتواها ثم رمى الحقيبة على وجهي.. علمت انهم من الامن التركي المدني.. توجهوا الى الاخرين ثم امروهم بأن يقفوا بانتظام ليتم تفتيشهم وكانوا اربعة عناصر يحملون السلاح الخفيف. من كان يملك المال فقد خسره ومن كان بارعا في اخفاء مصاريفه من الدولارات فقد ظفر. امرونا ان ندير ظهورنا الى حائط الزريبة وغادروا خلسة دون ان نراهم وبعد دقائق من مغادرتهم ايقنا انهم قد ذهبوا ثم ادار كل واحد منا رأسه الى الخلف لنجد ان الزريبة قد خلت منهم فانسحاب الشرطه كان صامتا.. كنا نحسب بأن امرنا قد حُسم ولكنها اتضحت بأنها خطة مريضة نفذتها الشرطة مع صاحب المكان لسرقة اموالنا.

في اليوم التالي جاء شيركو المهرب وأكد لنا تعاون صاحب المكان مع الشرطة.. ثم اخبرنا بأنه سيحضر سيارات خاصة لينقلنا الى اسطنبول حفظا لسلامتنا وان علينا ان نغادر بأسرع

وقت ممكن.. احدنا كانوا يدعونه شيخ وكان يؤم صلاة الجماعة.. يغضب بسرعة ولم أر فيه روح الانسانية.. انتظر دوره مع الاخرين ليصعد السيارة المخصصة ويذهب.. كان قلقا بل رفض أن يؤم بالمصلين حينها وأخبرهم بأن يصلوا بدونه. صلى الجميع وعندها جاء شيركو مسرعا فأخبر الجميع بان العمليه قد فشلت والسيارات رجعت.. ازداد غضب هذا الشيخ الشاب ثم عاد ادراجه لُيصلي.

مدينة - وان - هي مدينة كبيرة توجد فيها الامم المتحدة ولهذا فان اغلب الفارين من بلادهم ومن لا تساعده الامكانية الماديه يلجئون الى مدينة - وان - لنيل الحماية من الامم المتحدة.. ولكن الدوريات تفترسهم حال اقتناصها الفرصة المناسبة. كنا في حال لا يُحسد عليه حتى اخبرنا شيركو ان هناك سيارة ستأخذنا الى ساحل البحر ومن هناك سنستقل مراكب صغيرة الى الجهة الثانية من الشاطئ ومن ثم سوف تنتظرنا شاحنتان لتقلانا الى اسطنبول بسلام.

وفعلا تم تنفيذ المخطط ووصلنا الى الشاطئ.. ثم نقلتنا المراكب الى الجهة الثانية.. كان الجو مخيفاً جدا وتلاطم الامواج يرفع المركب ثم ينزله بقوة على موجها الغاضب حتى اعتقدنا بأن موتنا قد اقترب. وصلنا الضفة الاخرى ركضا بلا توقف حتى صعدنا تلة صغيرة تطل على شارع ترابي حيث تنتظرنا

شاحنتان.. تدافع الجميع نحوهما كأنه يوم الحشر.. امتلأت الشاحنة وتلقت امرا بالسير.. كان قسم من الاشخاص ملتصقين بمؤخرة الشاحنة ولكنهم سرعان ما وقعوا منها دون ان يلتفت احد اليهم او ينجدهم.. اقتربت الشاحنة الثانية رميت بثقلي لأدخلها ثم ارتمى علي الاخرون محاولين التشبث بالشاحنة والالحقاق بالركب.. لم نكن نستطيع رفع رؤوسنا الى اعلى.. لان المهربين قسموا عربة الشاحنة الى نصفين.. النصف العلوي كدست فيه مواد منزلية قديمة لتمويه الشرطه، اما اسفلها فكان مخبأ لنا حيث يفصلنا سقف خشبي.

اماكننا ضيقة جدا اما التبول فهو في قنينة ماء نتداولها بيننا وقد ملئت بالبول من قبل اشخاص اخرين.. كان بجانبي شخص كردي يجيد العربية ناولته القنينة وكدنا نحس بحرارتها.. اخذ القنينة وحاول التبول فيها فلم يستطع رغم حاجته الماسة لقضاء حاجته. ارجعها الي وقال لي أن حالته النفسيه مضطربة ولا يستطيع التبول. ٣ أيام في الطريق نزلنا مرتين.. يخبئوننا في الزريبة كالمواشي بالإضافة الى السب والشتم من قبل اكراد تركيا ـ المهربون ـ ..

كلنا نتساءل متى سنصل؟ نعد الساعات ولا تنتهي اوقاتها.. ثم أخيرا وصلنا الى اسطنبول مدينة الفن والدين التي مات الكثيرون من اجل الوصول اليها ولم يُعثر على جثثهم.

أسطنبول مدينة الاحلام:

وصلنا الى منطقة محلة غازي التي اغلب سكانها من الغجر والأكراد الكرمانج.. أما الشرطه فهم مع اتفاق تام مع المهربين بإيواء الاشخاص غير القانونيين هناك في بيوت تُعد لمثل هذه الاغراض.

أيدن شهرزوري من كبار المهربين آنذاك.. ذاع صيته ثم تدنت شعبيته بعد ٢٠٠٣.. جاء ليتفقد احوال الموجودين.. دفعت ما علي من ديون وخرجت من المنزل المزدحم بالاشخاص.. كان لي صديق هناك ساعدني قليلا ثم أوصاني بالعمل في معمل احد اكراد تركيا، ولم يكن يشجعني ان اقيم في منزل احد الاشخاص الذي يدعى - نوزاد - وادعى بنفس الوقت بانه صديق حميم لأخي وزوج اختي لكي يسهل عملية استغلالي ماديا.

تركيا جميلة حتى ارصفتها وموانئها التي تطل على مناظر عجيبة تنقلك الى عالم رومانسي مختلف. اضافة انني عشقت طرقاتها وحاناتها بل وحتى نساءها.. كنت اتخيل بحرها حبيبة عمري وأمواجها هي خصلة شعر المرأة التي رسمتها في داخلي فيالها من دولة خلق الله فيها كل شيء جميلا..

علمت بعد حين ان فؤاد ومجموعته قد القي القبض عليهم وهم الان في العراق مع المهرب.. بعد شهور رجع فؤاد بعد

محاولات عديدة الى اسطنبول واخذ يعمل في غسل السيارات مع نوزاد الذي همَ في استغلاله ماديا.. كان فؤاد حريصا على اخفاء معلومات وجوده عني ولكنني ذهبت اليه وتفاجأت بقلة ادبه معي وقال مستهزئاً: اي حق تطلبه مني انا لا أعترف بهذه التفاهات ولا اعترف بالذي خلق الحق.

ابتسمت وقلت له:

ـ ستندم على ذلك.. خذ الدين ولا أريده.. لأنك ستُقبل يدي لترجع الي حقي.

تركته ومشيت.. كنت املك حينها هوية أصدرها لي الحزب التركماني في اسطنبول وهذا ما شجعني على ان اكيد له.

توجهت الى مركز الشرطة وسجلت شكوى ولكن فؤاد قد اختفى حينما وصل اليه الخبر.. تكلمت مع نوزاد ثم تشاجرنا فأجبرني على ضربه.. هرب فؤاد لأسابيع لكي لا يسدد دينه.. ثم وأخيرا بلغني انه عاد.. عندما التقيته في بيت ايدن شهرزوري وعلى الفور امسكته من خناقه وتدخل بعض الاشخاص لكي اسامحه.. لم يكن مطلبهم منصفا.. ففؤاد مدين لي ويجب ان استعيد ديني ولو كان دولارا واحدا.. توسل فؤاد بي ان اتركه وشأنه ولكن تصرفه غير الاخلاقي جعلني اشدد من قبضتي على خناقه واستعدت مالي منه بالقوه

في نهاية الامر.. شاهدت الخيبة على وجهه فالرجولة حينها كانت بريئة منه.

باشرت العمل في معمل البلاستيك العائد لاحد اكراد تركيا.. يعمل فيه ايضا اكراد من العراق ولا يُسمح لهم بالخروج إلا ٦ او ٧ ساعات فقط يوم الاحد - عطلة الاسبوع - .. يُعاملونهم معاملة سيئة وكأنهم سُجناء.. وجوههم مُصفّرة والمكان مليء بالقمل، لم اتمالك نفسي من رائحة الاجساد وكأنني بين اموات.. عشت وعملت فترة شهرين، اما الاجر فلا شيء.. فكل ما نقبضه من راتب قدره ٢٠٠ دولار و ١٠ ملايين ليرة اسبوعياً لا يكفي لشراء بنطال.

تشاجرت مع احد العمال العراقيين - الاكراد - لأنه حاول سرقتي فنقلني صاحب المعمل الى معمله الثاني في منطقة سامنجلار في اسطنبول.. اشاد بأخلاقي وكان سعيدا بي.. باشرت العمل في منطقة سامنجلار حيث قضيت فصل الشتاء هناك الى ان القت الشرطة القبض علينا ولكنها اخلت سبيلنا بالرشوة ثم عادت والقت القبض علينا مرة اخرى وانذرت صاحب المعمل بعدم تكرار تشغيلنا بدون اوراق ثانية.. كان لي صديق في ايران يُدعى عرفان ولم اتردد في ان اتصل به في تركيا، ليساعدني في ايجاد عمل لي.. قضيت ليلتين معه ثم وجدت عملا بالقرب منه في معمل بلاستيك. وكم كانت

صدفة غريبة حتى قابلني صديقي عدنان.. يوم السفر كنا على موعد ولكن الشجار رغم معرفتي الطويلة به لم ينته وكنا دائما متخاصمين.

قيا باشي.. اسم المنطقة التي اعمل بها.. معمل كبير لصناعة الادوات البلاستيكية يدعى ال بلاستيك.. عملت اكثر من سنة ثم بعد وقت طويل اعلنت اليونان بأنها ستستقبل كل اللاجئين من جميع الاطياف.. لم أتردد في ان اقتنص هذه الفرصه فدفع ١٠٠ دولار احسن من دفع ٣ آلاف دولار وهذا الظرف لا يعوض ابدا.

اخبرت عدنان بذلك وأوصيته بأن اترك معه تلفوني مع الشريحة وان يتواصل مع اختي.. كنت احفظ رقمي ولذلك لم اكن قلقا من عدنان فهو امين جدا على مال غيره وكنت مطمئناً من ناحيته.

الطريق الى اليونان:

ها أنا اخوض تجربة جديدة.. بلد لا أتقن لغته البتة.. فالتركية والفارسية والكردية اتقنتها.. فكيف سأحفظ لغة سقراط؟ اتفقت مع المهرب ان ارافق المجموعة في الرحلة لقاء ١٥٠ دولار.. لا يمكن الوثوق بالمهرب ابدا.. فهم اناس من عالم آخر لا رحمة لديهم يعبدون الدولار ولا يهمهم مصير

المرأه او الطفل والرجل..

طريق اليونان الخطير شهد قصصاً طويلة وحزينة.. كانت النساء ضحايا التهريب.. فالمرأة ترافق زوجها مشيا لأسابيع من تركيا وعبر الطرق البرية الخطيرة الى اليونان.. اما المهرب فهمه اغتصاب امرأة ولا يهم من تكون وما هي حالتها.. يتفق مع شريكه ليشغل زوجها ثم يتركه في البرية لوحده وينفرد بزوجته حتى اثينا.. المرأة اما ان يُشردوها او تكون عشيقة المهرب وبالإكراه.

هكذا كانت حالة العوائل في مثل هذه الاوقات الصعبة.. لا يرحمون الضعيف وعليك ان تقاتل حتى الموت.. وهذا الموقف كاد ان يحدث لي في رحلتي الثانية الى اليونان.

رجعت الى معمل البلاستيك لارى من يريد السفر من العراقيين الاكراد المتواجدين في المعمل.. احدهم يدعى برهان طلب مني ان اساعده بـ ٥٠ دولار لم اتردد ووعدته بأن اساعده. اتفقنا مع المهرب على تاريخ السفر ثم توجهنا بسيارة تاكسي الى بيت قديم وانتظرنا قرابة ساعتين.. سمعنا صوت سيارتين نوع دولمش –فان وكان المهربون يتكلمون التركمانية العراقية.. لم ارتاح وكنت على وشك ان اتركهم لولا صديقي ـ برهان ـ طلب مني وبكل الحاح البقاء معه.. اخبرته ان اتراك العراق لا وعود لهم.. وإنهم غير قادرين على ايصالنا

الى اليونان فهم فقط كلام لا افعال. رفض برهان ان يسمعني ثم اضطررت ان اجرب هذه المرة واخرج معهم. نقلونا في السيارات وكنت متأكدا ان رحلتنا ستفشل. في الطريق بدأ المهربون بالصراخ والعويل عندما اختلفوا على امر اجهل ما هو بالضبط.. ثم ارتبكوا عندما شاهدوا دوريات الشرطة التركية تمر بجانبهم.. ونشروا دعاية بيننا بأنهم مُراقبون وهذه الدوريات هي قد اتت لتقبض عليهم.. لم يرق لي ما كانوا عليه من خوف.. فاضطررت ان احرض المجموعة على الضغط عليهم بإرجاعنا من حيث اتينا.

المهرب كعادته اكد انه لا علم له بما حدث وبدأ يبرر ويُفسر ان ما حدث ما هي إلا أخطاء تحدث في الطريق ولكن ليس دائما وطبعا يتظاهر بأنه الضحية أيضا.

لم اصدق تفاهاته ولكني مرغم على سماعه طبعا.. فلو كان المهرب نوراً على نور فأنه سيظل سافلاً. في ليلة هادئة من احدى الليالي المقمرة نقلتنا سيارات الدولمش الى الحدود التركية بهدوء كبير.. المكان كان ضيقا وأصوات الشتم والسب لم تفارق افواه من معنا فالكل كاتم على اعصابه من شدة الحر والخوف. وصلنا الحدود التركية اليونانية.. ٤ ساعات تفصلنا عن النهر الكبير بين تركيا واليونان.. نزلنا ولكن لا يجب ان نخطئ وإلا فالضرب المبرح من قبل ـ خالد ـ المهرب وأعوانه

سيطرز وجوهنا وأجسادنا. نحن مغلوبون على امرنا في هذه اللحظة لأننا لسنا ملك انفسنا بل سلعة يملكها المهربون.. يحافظون علينا او يتخلصون منا بسهولة. تمشينا في الحقول ومن بعيد توارت لنا اضواء الجانب اليوناني وكأنها مصابيح مزروعة على التلال. وصلنا غابة مخيفة ومظلمة.. اجذاع الاشجار تصطدم بها اقدامنا نتعثر تارة ونقع تارة.. لانرى غير الخوف الذي يقودنا الى مغامرة مجهولة.

الغرق المُحتم وملائكة الرحمة:

الله المستعان الآن.. ما اقبح ان يكون الكابوس حقيقة.. وصلنا الى النهر.. ثم التفت المهرب الينا وطلب منا ان نعبر النهر الى جهة اليابسة التي نراها بالكاد من حلكة الظلام. الغريب ان عوائل كردية وتركمانية شاركتنا الرحلة.. بل انها انضمت الينا فجأة لحظة وصولنا الحدود ولم نحس بهذا الانضمام ولم نعلم كيف دمجهم المهربون معنا رغم اننا كنا فقط من الذكور.. عندما وصلنا الى النهر بدأت النساء بالثرثرة الفارغة.. لقد دفعت كل عائلة أكثر من ١٠ آلاف دولار ودمج المهرب الافراد مع التشكيلة الرخيصة.. لاهم يعرفون كم دفعنا ولا نحن كنا نعرف كم دفعوا، بل كل فرد كان يظن بأننا دفعنا نفس المبلغ، هذه هي سياسة التهريب الوقحة في

كل الاوقات. وصلنا الى ارض يابسة بعد ان اكملنا العبور ثم سمعنا صوت المهرب يقول لنا:

ـ بمجرد وصولكم اليابسة اتجهوا يمينا ثم خذوا جهة اليسار ستقابلون مركز شرطة.. هناك سيستقبلونكم كلاجئين، وهكذا اتممت عليكم ضمانة وصولكم.

فعلا وصلنا اليابسة وحاولنا سماع كلام المهرب في تسليم انفسنا ولكن؟

نحن في جزيرة محرمه لا يدخلها احد.. لاهي تركية ولاهي يونانيه تركنا المهربون فجاه بعد ان اذاقونا طعم الطعم... اطراف اليابسة الاربعة يحتلها نهر جاري قوي.. لا يتحداه السباح الماهر إلا بمعجزة قد ينجو او يغرق... الوقت الثالثه صباحا.. بدأ الجميع بالاضطراب.. ارقام هواتف المهربين كلها مغلقة.. والاستنجاد لا ينفع.. اصوات طلقات نار من الجانب التركي وصوت النهر القوي كلها كانت سببا في خلق الرعب في قلوبنا.. صديقي ـ برهان ـ وشخص آخر اصرا على ان يقطعا الى الضفة الثانية.. وفعلا وصلا بعد جهد كبير.. كنا نسمع استنجادهما ببعضهما البعض ظنا من الجميع انهما سيغرقان ولكن نجحا في العبور. حل الفجر وبدأ كل شيء يتضح لنا.. المهرب تركنا في مكان لا يصله احد.. ولذلك قررت عائله كرديه من العبور بصناعة قارب بدائي من احزمة

البناطيل وغطاء الرأس النسائي - الحجاب - .. الحقيقة انني لم اشارك بحزامي لان بنطالي كان مبتلا وكنت بأشد الحاجة الى الحزام.

مغامرة صعبة فعلا.. عائلة ستعبر الى الضفة الاخرى ومجرى الماء قوي يقودك الى دوامة غاضبة في جانب الجرف المحاذي لليونان. ولو فشلت العائله بالعبور فسيطفئون آخر الشموع في هذا النهر المخيف.. تم اكمال عمل القارب من جذع الاشجار وربطها بإحكام.. جربها رجلان وعبرا بسلام بعد مقاومه طويلة مع الموج.. احدهم انتظر في الطرف الثاني بعد ان صنعا حبلا طويلا من القمصان والبناطيل كان طوله اكثر من ٢٠ مترا.. رُبطت مقدمتها في جذع شجرة ثم اخذ الرجل الثاني على عاتقه ربط الطرف الاخر للحبل بالقارب وعاد الى جهتنا... كانوا يعملون بكل جدية على ايصال العائلة الى الجهة الثانيه.. الشباب كانوا يسبحون بحماس ويتفانون لضمان سلامة الاطفال والنساء.. هم وعودنا ان يساعدونا بعد هذه العملية وكلنا كنا ننتظر الايفاء بكلمتهم بكل نفاد صبر...

استغرقت العملية اكثر من ٣ ساعات... وصل الجميع بسلام.. وعليهم الان ان يفوا بوعدهم ولكن؟

احدهم قام بتفكيك القارب خفية ثم تظاهر بأنه يرميه

الى جهتنا ولكن ما ان ارتطم على سطح النهر حتى تفكك وضاعت الاجزاء بين امواج النهر.. اما البكاء وصرخات النساء فلم تتوقف.

طبيعة النهر هي كالآتي ـ الجانب التركي يصل مستوى النهر الى مدى الركبة.. ولو استمريت في المشي داخل النهر الى الجانب اليوناني لوصل مستوى النهر الى مستوى الرأس ثم يزداد عمقا الى اكثر من ٢٠ مترا.. يجرفك التيار قويا وبعيدا وربما تكون من حصة الدوامة التي لا تبعد كثيرا عن اليابسة اليونانية.. طبيعة غريبة وخطيرة في نفس الوقت.. بعضنا الان يقفون في منتصف النهر.. النساء والأطفال وبعض الشباب يقفون على اليابسة يترقبون مصيرهم.. دبّ اليأس فينا.. رأينا جذع شجرة كبيره قادمة من بعيد اردت ان امسكها واستخدمها كقارب الا انني لم استطع الامساك بها لشدة سرعتها في الانجراف مع التيار.. ولكنها تبقت طافية وتسع ل ٥ اشخاص.. خاف احدهم من جلب الجذع لنا فتركها تمر رغم صيحاتنا له بجلبها ولكن الخوف سبق شجاعته.

حل منتصف النهار.. كل من وصل الجانب اليوناني يستلقي بأمان تام تحت اشعة الشمس والنساء يمشطن ويسرحن شعرهن.. اما نحن في الطرف التركي فننظر بكل دمار اعصاب اليهم وعيوننا تدمع.. نخاف ان تطولنا ايادي رجال الشرطة

التركية وتعيدنا الى العراق... اما انا فالحكم بالإعدام علي سيكون حتميا ومؤكدا.. كنت غارقا في التفكير.. سارح في طبيعة الارض اليونانية التي اراها امامي لأنه من المستحيل ان استسلم لموت ينتظرني في بلدي.. ثم قررت أن...

قمت على الفور وبيدي كيس صغير اضع فيه بعض امتعة الرحلة.. واتجهت الى وسط النهر مصمما على ان اعبر رغم انني اعجز عن السباحة... انتبه الجميع الى ما اقوم به.. قام من قام مدهوشا بما افعله من حماقة لأنهم يعلمون انني لا اجيد العوم.. حتى النساء في الجانب اليوناني لما شاهدن ما اقوم به بدأن يصرخن على الفور والجميع يحاول منعي وينصحونني بالرجوع.. ثم ازداد الصراخ.. لم اهتم وتوجهت لأقطع التيار النهري.. واما ان اقهره واما ان يقهرني فالأمر لم يعد يفرق عندي...

ازداد الماء بالارتفاع من الركبة الى الرقبة كلما تقدمت في قطع شوط العبور.. أنتظر معجزة تنقذني.. الكل فقد السيطرة على اعصابه فأمامهم مشهد شخص سيغرق.. الرجال يتخبطون يمنة ويسرة يحاولون ان يجدوا جذعا لينقذوني والنساء يلطمن.. اما انا فغطست.

رفعني الموج مرتين الى الأعلى.. في المرة الاولى عندما رفعني النهر من القاع رأيت نساء يلطمن على الرؤوس ويدفعن

بالرجال الى اخراجي.. ثم غطست.. وفي المرة الثانية عندما طُفت على سطح النهر رأيت اثنين قد احضرا جذع شجرة لم يكن طويلاً جدا املاً منهم ان يتلقفني الجذع ولكن؟.

محال ان اصل الجذع.. الجذع بعيد جدا عني وانا ادور في الموج وبيني وبين الدوامة ما هي إلا بضعة امتار وأغوص في اعماقها.. عمق النهر يكفي بأن أقطع الامل من النجاة. غطست.. ولم احس بشيء.. غير الموت الذي تفصلني عنه ثوان فأنا الان في عداد الاموات.. فجأة تلك المعجزة الربانية حدثت.. فتحت عيني في القاع من غير ان اعلم كيف ولكنني اشعر بما يحدث.. ثم خيّل لي بأن نورا قد سطع ضياؤه امامي واكاد ان احس به.. رُفعت الى الأعلى تلقائيا ثم وجهتني قوة دفع لم اعلم مصدرها الى ناحية الجذع البعيدة عني بمسافة والتي لا يعقلها العقل للوصول الى جذع بعيد ومن ثم لتطوله يدي بسهوله بالغة وتنتهي مأساتي على يد شخصين سحباني عن طريق الجذع الى اليابسة.

ـ معجزة.. معجزة.. ـ صاحوا ـ ثم واصل احدهم:

ـ لقد غطست طويلا ولم نكن نعقل ان تصل الجذع لطول المسافة ولكن هاجس ما بداخلنا جعلنا نستمر في المساعدة.. كيف تجرؤ على فعل مثل هذه الفعلة؟ انظر الى من حولك كيف يبدون.

منظر مرعب مرسوم على وجه كل شخص، الذهول والخوف معا.. فتحت عيني بصعوبة.. تلاشت الصور امامي ثم اغمي علي مجددا.

٤٠ يوما في الكمب اليوناني:

جاءت دورية يونانية على الفور لتلقي القبض علينا.. استنجدت العوائل العالقة في المنطقه المحرمة بالدورية ولكن الاخيرة كانت عاجزة عن انقاذها.. اخذونا فيما بعد الى مركز الشرطة اليوناني وكانت معاملتهم غير مؤدبة فهم ينعتوننا ب (موسل).. اي مسلم.. عندما يغضبون علينا يدعوننا ب ايها الموسل الغبي سأضربك ان لم تتوقف عن..

فحصونا في المركز الطبي اولا ثم اخذونا الى الكمب بسيارات عسكرية.. اما العائلة التي بقيت وراءنا فقد تم انقاذها وبحضور التلفزيون والاعلام الغربي كمحاولة بالإشادة بالدور اليوناني الانساني ـ دعاية مغفلة ـ .. الكمب كان مخزناً للحبوب.. وكان الكمب يشمل كل الاجناس وكل صنف عربي.. وكل من يأتي من العرب يقول بأنه عراقي لكي يضمن حق اللجوء.. اما الحمّامات فهي بدائيه جدا مصنوعة من الصفائح المعدنية وكنت تستطيع ان ترى بسهوله طابورا طويلا للاجئين من أجل قضاء الحاجة او حتى الاستحمام.

الفرح عم كل العراقيين وحتى الجنسيات الباقية.. فها هم قد حققوا حلمهم بالوصول الى اوروبا وبأسعار زهيدة وآخرون حالفهم الحظ ووصل بلا مقابل. امّا انا فسعادتي لا تقل عنهم.. انا الان في الامان لا خطر من الرجوع.. لا مزيد من الكوابيس ورغم انني فقدت حذائي في النهر وقدماي تمزقتا من الاشواك والحصى.. الا انني اجول واسرح وامرح دون ان اعير اهتماما لقدمي العاريتين فالحريه انستني جروح قدمي..

كنت اكافئ من انقذوني كل يوم بعلب سجائر.. لم يرق لهم ما أفعله فهم قاموا بواجبهم كرجال.. كانوا ظرفاء معي وسعداء على بقائي حيا ارزق بعد فتره شاهدت شخصا يشبه ـ احمد الفيلي ـ الذي كان في عصابة بيع الكلى فلم اتردد من ان اقترب منه وأصيح بوجهه ـ يا سارق الكلى.. تفاجأ وبدأ يعاملني بلطف وتملق غير عاديين.. تبين بعدها انه قد باع كليته وبثمن اعضائه وصل الى اليونان.. كانت حالته مزرية.. انتفاخ ثم الم ثم الى المستشفى اليوناني. تركته وشأنه اذ انه الان شبه حي ولا فائدة من تأنيب ميت. بعد فترة قامت مجموعة من الشباب العراقي بمظاهرة كبيرة في الكمب بسبب تأخير ترحيلنا الى اثينا.. وأعمال شغب تركمان وعرب العراق اثرت علينا سلبا.. ولكنها في حقيقة الامر لم تجد نفعا، فقد استمر الحال على ماهو عليه بل تم ضرب كل من شارك في

عملية الشغب التي اندلعت فجأة.

قضينا اكثر من شهر وكل يوم كانت هناك حافلات عسكرية تقل وجبات اللاجئين الى اثينا.. وكنا على احر من الجمر ليحين دورنا ايضا.. بعد شهر جاءت سيارة مصفحة لتقلنا الى اثينا حسب ادعائهم.. فرحنا بذلك الأمر جدا.. لم تسعني الفرحة عندما نادوا بأسمائنا.. انطلقت السيارة المصفحة مع عدد من السيارات المصفحة تحمل عوائل كثيرة من ضمنهم العائله التي كانت معنا ثم انطلقت بنا.. ولكن ألى أين؟

تركيا ترحب بنا:

في الطريق كان الجميع يتسامرون فرحين بنهاية المأساة.. لم افارق الشباك الصغير كنت ارتقب الطريق السريع الذي سيقودنا الى اثينا ثم فجأه صرخت مصدوما:

- يا الهي تركيا.. القطعة على الطريق مكتوب عليها اننا نتوجه الى تركيا.

قام الجميع مذعورين غير مصدقين:

- هيا لا تكن بهذه السذاجة تركيا اصبح مستحيلا بأن نعود اليها.. نحن في حماية الامم المتحدة هنا اوروبا يا صاح.

ثم قام احد اكراد العراق يسخر مني فأستطرد قائلا:

- حبيبي تركيا بالانكليزي يعني ـ الخط السريع ـ وأنت ايها العربي دائما ثقافتكم محدودة.

سخر الجميع مني وكانوا كلهم اكراد.. لم يصدقني احد ثم جلس الجميع بعد ان افزعتهم بكلمة تركيا. لم اصدق ما سمعت من هذا الغبي فأنا اعرف كيف تُكتب تركيا بالانجليزية وليست كما يقول الاخ الكردي. بعد منتصف الظهر وقفت المصفحة والحافلة في نقطة تفتيش وكان واضحا بأنه معبر حدودي.. جسر صغير يربط بالطرف التركي ولكنهم اخفوا ذلك بإيقاف السيارات بطريقه تحجب عنا الرؤية.. لمحتُ الجسر الازرق الذي يمثل علم اليونان اما النصف الثاني فكان احمر اي يمثل العلم التركي.. نبهت الباقين والمصيبة انهم اتهموني بالتخريف وغضبوا مني ثم قال احدهم:

ـ متى ستتحرك السيارة فلقد اشتقت لرؤية اثينا.. هؤلاء يحاربوننا نفسيا لكي ينالوا من شهيتنا لرؤية بلاد الاغريق..

تخاريفي اصبحت حقيقة، فرجال الشرطه التركي' توافدوا من الحدود الى الاراضي اليونانية بسياراتهم لكي يأخذونا الى جانبهم فصحت:

ـ تفضلوا يا ايها السادة الشرطة التركية جاءت لاستقبالكم على الخط التركي السريع... ـ ثم ضحكت باكيا يائسا فجلست على ركبتي يائسا.

تدافع الجمع ليتأكدوا من صحة كلامي بل حتى بكى بعضهم وندب حظه.. جن جنونهم وبدأوا يضربون على جدران المصفحة احتجاجا على ما يحصل ثم.. تعالت اصوات البكاء والنجدة ولكن دون جدوى وتنبه السجناء في المصفحات الباقية ثم بدأت الاصوات تتزايد من شدة الخوف.. انتبه رجال الشرطة ثم تقدموا بالعصي باتجاهنا وبدأوا يهددونا بالضرب بل واخرجوا قسما من السجناء وبدأ وابل الضرب ينزل على جلودهم دون رحمة.. لم يأبه احد بهم فأزداد الضرب على جدران المصفحة اضافة الى اصوات النساء التي لم تتوقف.

بعد ساعات من تبادل الشرطه التركية واليونانية لبعض الاوراق.. حضر شرطي تركي بدين وفتح علينا الباب ثم صاح علينا بغضب:

ـ هيا انزلوا اوروبا ترحب بكم. ـ ضحك ضحكه كادت ان تمزق طبول اذاننا ـ .

مجموعة رفضت النزول وطالبت بحضور مسؤولي حقوق الانسان؟ الا ان الشرطي اخذ عصاه الغليظة فقال:

ـ لاضير من ذلك فانا احب الضرب كثيرا ابقوا وسأصعد اليكم يا أحبائي.

تسابقنا بالنزول خوفا.. كانوا يتراكضون نحو الباب

لينفذوا بجلودهم.. يتحقق من أسمائهم فيأذن لهم بالنزول وركوب الحافلة التركية التي تنتظرنا.. تحقق من اسمي فأجبته:

ـ علي رضا من ايران.

ـ ولكن اسمك غير موجود؟ غير مهم سأحل المشكله هيا انزل.

نزلت من المصفحة.. كانت حافلة تركية بانتظارنا لتنقلنا الى محافظه تركية حدودية يكثر فيها غجر تركيا لا يحضرني اسمها..

في ذلك الوقت المُغبر قام الاتحاد الاوروبي بتكفل مصاريف التسفير وخصصت مبالغ لذلك بمساعدة تركيا، وكنا نحن احدى الوجبات التي سَفرت حينها.. ولكن باقي اللاجئين في الكمب فكان مصيرهم اثينا. وبهذه الخطة طويت اول صفحه من صفحات مخططي للتوجه الى اوروبا.

تركيا ـ ايران ـ الحدود الروسية بانتظارنا:

توجهت الحافلة بنا الى احدى المحافظات الحدودية الجميلة في تركيا.. في الطريق بدأت العائله التي انقذتني من الغرق والتي استقلت معنا الحافلة في توجيه اسئلة لكل الراكبين وعن المبالغ التي دُفعت للوصول الى اليونان.. عن نفسي اخبرتهم

انني دفعت ١٥٠ دولار فبهر احدهم ويدعى (عثمان) وهو الذي انقذني من الموت.. فقال لنا بأنهم دفعوا اكثر من عشرة آلاف دولار لكل عائله او اكثر.. انكشفت الامور لنا ليتضح فارق المبالغ التي تم دفعها وخلط المهربين للعوائل ممن دفعوا الالآف معنا.

وصلنا الى مركز الشرطة التركية احتجزونا في ساحة المركز وذلك لصغر مساحة السجن.. ثم امرونا بالهدوء الى ان يحين موعد المحكمة.. اما في المساء فقاموا بالتقاط صورنا وتحديد اشارة خلف الصورة بأسمائنا لتسهيل التعداد اليومي لنا.. اصبحنا فريسة سهلة للبعوض مما اخذت على عاتقي بالانتقام من كل بعوضة أراها مليئة بالدم.. وكنت أعده انتصارا لي قتلي بضعاً منها.. حتى اتت سيارة الرش التي خلصتنا منها.. الغجريات الجميلات يملأن المكان ويطرزن مفارق الطرقات بألوان الفساتين المزركشة وكأنهن قطع حلوى تناثرن في الشارع الشعبي.

ابو زهراء رجل عراقي برفقة زوجته الايرانية الاصل وابنتيهما احداهما رضيعة والثانية زهراء عمرها اقل من سنتين مرحة وذكية تلهو بلا خوف في ساحة المركز.... لم ابخل عليهم في شيء وكنت اساعدهم حينما يطلب مني الرجل اي شيء.. ابو زهراء كان لطيفا معي ولكنه يحرص كثيرا على ان

١٧٨

لا يزعج زوجته.. زمام الامور كلها كانت بيدها.. استطيع ان اميز خوفه منها وكأنها تملك مصير حياته بيدها..

مازلت لا املك حذاء فقدماي فقدتا الاحساس.. فمشكلتي الان انني عزمت على الهروب مع شخص اخر ولكن يجب علي ان ادبر ما انتعله لكي اطفئ شكوك المواطنين ممن سألاقيهم في الطريق.

في مساء اليوم التالي بدأ تحقيق روتيني معنا وحان دوري لأدخل.. جلست مع الشرطي وكنت احاول ان جلب انتباهه حتى يخلي سبيلي بالرشوة.. وكان كلما يسألني عن شيء يخص القضية لّمحت له بأنني املك مالاً ادفعه له ويتركني حُرا.

- من اي بلد انت؟

أجبته:

- عندي مبلغ جيد من المال سأهديه لك على ان تخلي سبيلي..

غضب الشرطي المحقق ولكنه كرر السؤال:

- من اي بلد انت؟

- ايراني..

- وكم عمرك؟

ـ استطيع ان اعطيك ٥٠٠ دولار وأكون حرا.

ـ انا لا اخذ رشوة.. اجبني على عدد اسئلتي فقط ـ قالها بعصبية قليلا ـ .. لقد دمرت لي اعصابي سأدخن السيجار وأعود اليك لا تساومني بالمال فهمت؟

اومأت برأسي بنعم ثم غادر المكتب.

بعد ساعة اكمل معي التحقيق وسألني كيف تعلمت اللغة التركية؟ فأخبرته بأن والدتي من اتراك العراق.. عدت وجلست مع ابو زهراء.. كان معنا اشخاص ايرانيون كانوا يظنون بأنني ايراني وكنت اتكلم معهم الايرانية بطلاقه.. الى ان حل الليل اتفقت مع احدهم ان يعطيني حذاءه لأهرب ثم اتفقت مع شخصين ان نهرب سوية.. الشيء الذي شجعنا على الهروب ان لاحراسة علينا فنحن ننام في ساحة المركز وهروبنا سهل للغاية.. ولكن اهالي المنطقة لو قبضوا علينا سيشبعوننا ضرب.. وفي الفجر هرب الاثنان ولكن الشخص الذي سيعطيني حذاءه قد غيّر رأيه.. شعرت بالاحباط فبدون الحذاء لا يمكن الهروب. فعدلت عن الفكرة.. وبعد الفجر فضح امر الشخصين اللذين هربا.. وبدأت الشرطة تبحث عن الشخصين والأهالي يعاونون الشرطة بكل اخلاص وتفان.. تم احضار الصور وعلى اثرها بدأ التعداد للموجودين.. فصاح الشرطي غاضبا:

ـ الشخص الذي يرتدي التي شيرت الاحمر غير موجود وهذا يعني عندنا ٣ هاربين..

ركز في الوجوه ولم يجد الشخص الثالث ثم بدأ القلق ينتابنا.. ثم صاح الشرطي مجددا:

ـ سوف تنشوي جلودكم من الضرب الان ولن تأكلوا شيئا اليوم ايها السفلة العرب.

على أثر أحساس غريب انتابني وفضول عميق اقترحت على الشرطي ان ارى صورة الشخص الثالث ولأنني اتحدث التركية

ساعدني جدا في ان اتعامل معهم بحكمة وبالأخص في مثل هذه الظروف.. ثم قلت له مبتسما:

ـ هذا انا.

خطف الشرطي الغاضب الصوره ثم قال:

ـ كيف؟.. فارق كبير.

ـ نعم هذا انا. ثم اخرجت التي شيرت من الكيس لأريها لهم كدليل على كلامي.

تنفس رجال الشرطة الصعداء ثم صرفونا الى الساحة تحت حراسه اثنين من الشرطة هذه المرة.. وكعادتي كنت ابادلهم الحديث لقضاء الوقت الطويل.. و في وقت الظهر القت

الشرطة القبض على الهاربين وأشبعوهما ضربا مبرحا..

حان وقت الترحيل الى المحكمة.. فشاهدنا الافارقة وجنسيات مختلفة لا تحصى تملأ المكان فإخلاء سبيلهم سهل وليس هناك امر بترحيلهم.. اما العراقيون فكانوا ينتحلون الجنسيات الفلسطينية خوفا من تسفيرهم الى العراق.. فتم عرضهم على شخص فلسطيني وأوشى للشرطة بأنهم ليسوا من فلسطين رغم توسل الشباب اليه لكي يخفي حقيقة امرهم ولكن بلا جدوى.

بعد ان حُسمت اوراقنا صعد كل واحد في حافلة خاصة ثم انطلقت بهم الى حدود بلادهم.. اما العراقيون من لم تثبت صحة ادعائهم فنسبوهم الى الجنسيات المجهولة وصنفوهم بشكل عشوائي الى الجنسيه الايرانية والأفغانية (علما ان اكثر الايرانيين ادعوا بأنهم افغانيون خوفا من السجن) ورغم ذلك لم يشي الافغان الاصليون كذب ادعاء الايرانيين لظروف انسانية.

الطريق طويل الى ايران فنحن في اقصى الحدود الاوروبية التركية وهناك حافلات خصصتها الاتحاد الاوروبي مدفوعة الاجر وقد تعهدت تركيا بإرجاع اللاجئين الى ديارهم بقرار دولي تنفذها تركيا باعتبارها الجسر المؤدي الى اوروبا.

كبلونا بالأصفاد.. كان المكبل معي شخص ايراني وفي

مقدمة الحافلة امرأة ايرانيه وابنتيها.. يحملن الجمال الفارسي النادر واما الام فكانت رغم كبر سنها اجمل من ابنتيها.. لم يعرفني احد كعراقي إلا ابو زهره.. كنت اظن بأنهم سيخلون سبيلنا على الحدود ولكن ما حدث قلب موازين حساباتي بتسليمنا شخصيا لشرطة الحدود حسب الاتفاق الاوربي... انطلقت الحافلة من الأراضي التركية القريبه من اليونان قاصده الحدود الايرانية.. فقررت ان اغفو قليلا لان الطريق طويل.. بعد اقل من ساعة فتحت عيني سارحا في الوان الطبيعة التي لا تقاوم.. وكان خلفي شخص عراقي يُدعى حازم قضى كل الرحله نائما.. مما اثار غضبي ولكن كانت لنا قصه غريبة فيما بعد.. فقد ساعدته في السفر الى اسطنبول بسلام رغم تخلي اخيه الذي يعمل طبيبا في المانيا عنه. طلبت من احد الشرطيين الجالسين في المقعد الخلفي ان يعيرني موبايله.. كنت طوال الطريق احاول ان اتقرب منهما لانني كنت الوحيد الذي يتكلم التركية فكانا يسألان بفضول عن ظروف بلداننا وانا اجيبهما مما كسبت ودهما.. اتصلت بعدنان ثم اغلقت الهاتف وانتظرت من عدنان ان يعيد الاتصال واثناء ذلك دار حديث بيني وبين الشرطيين..

ـ هل ستعود الى تركيا؟ سألني الشرطي.

ـ نعم سأعود وبكل بساطة.

- رغم ماعانيته. ؟ الطريق اكثر من ٥٨ ساعة كما ترى إلا يتعبك هذا هل انت مجنون؟

- نعم انا اعيش من اجل حريتي.. وسأعمل المستحيل لأنالها.

- ألا تريد ان ترتاح في بيتك وتترك فكرة خوض المغامرات في الجبال والغابات؟

- انا استمتع بهكذا مغامرات فقصتي طويلة وأنا عازم على اكمال مسيرتي.

رن هاتف الموبايل فأجاب الشرطي: هذا صاحبك عدنان.. ثم اجاب المكالمة:

- لديك صديق عراقي يدعى احمد هل تعرفه؟

اعطاني الموبايل وكم كانت فرحة عدنان كبيرة:

- اين انت؟ اختك تسال عنك كل ثانية لقد تمرضت هي بسببك.. هل انت بخير؟ هي اوصتني ان اقول لك لو حصل لك مكروه ماعليك الا ان تتصل بي وانا اتكفل بمبالغ وصولك الى اسطنبول ولا عليك كم سيكلف ذلك لان اختك من ستدفع لك.

- انا في طريقي الى ايران لقد غرقت ونجوت بأعجوبة وتم ترحيلنا من كمب اليونان الى ايران بعد شهر من مكوثنا في

الحدود اليونانية.. اسمع عدنان انا عائد لا تقلق فهذه المشاكل لن تعيقني من الرجوع الى اسطنبول.. لا تهتم انا قادم انشاء الله.

- ومتى تعود؟

- لا اعلم فقط كن على استعداد لترد على مكالماتي ولا تقلق.

اغلقت الموبايل ثم شكرت الشرطي وأغمضت عيني بابتسامة تدل على ارتياحي.

في الطريق اخذنا قسطا من الراحة.. توقفت الحافلة في مكان على الطريق لقضاء حاجة السجناء.. ولكن ظروف الهرب لم تكن مسموحة لشدة الحراسة... مضت الحافله في رحلتها الرعناء وانا مازلت احس بالغضب على نفسي كلما رأيت حازم نائما لا يفتح عينيه الا في حالات نادرة.. وسؤاله الوحيد: متى سنصل الى الحدود الايرانية؟.. واشتعلُ امتعاضا على نفسي لانني اراقبه فأضيق ذرعا بتصرفاته فوددت لو انقض على رقبته لأخنق هذا البارد.

بعد رحلة دامت اكثر من ٥٠ ساعة وصلنا الى مدينة ـ وان التركية ـ ـ .. ولأن الحافلة وصلت الى المدينه في ساعة متأخرة من الليل.. اجبرنا على النوم في الحافلة لحين طلوع الفجر حيث كما علمنا فان المساجين من الايرانيين سيتم تسليمهم

يدا بيد الى عساكر الحدود الايرانية وهذا ما أثار في داخلي الخوف لانني كما ادعيت على الحدود اليونانية بأنني ايراني لتفادي تسفيري الى العراق ـ زاخو ـ ...

ففكرت في ان ادعي بأنني من جنسية ثانية بدلا من الايرانية فأجبرت على الاعلان عن نيتي في اليوم التالي من تسليم المواطنين الى حرس الحدود الايراني.. أثار هذا الاعتراف الغريب حفيظة النساء الايرانيات وبعض الشباب لانني طول الطريق كنت أُمثل دور الشاب الايراني لكي ابعد نفسي عن الشبهات.. حيث انني اخشى من ان حزب حكومة مسعود البرزاني كانوا ينفذون اتفاقية تبادل الهاربين بينهم وبين حزب البعث انذاك.

طلبت من ابو زهرة ان يقنعهم بان يكتموا امري.. بسبب ظروف العراق.. بل حتى شريكي المكبل معي اشفق علي وتكفل بأمر مساعدتي وطلب مني عدم التكلم بالفارسية بعد الان لكي يستطيع ان يقنع الحرس الحدودي بأنني عراقي وان الاتراك ادرجوني على القائمه الايرانية لتغطية احد الهاربين وإكمال اعداد المحبوسين لديهم... وفعلا سارت الامور على ما يرام.

في الصباح الباكر اخبرت الشرطي التركي بأنني فلسطيني ولست ايرانيا.. نظر الي بعصبية.. ضغط بأسنانه على شفتيه

ثم كوّر قبضته لكي يضربني.. وفي الحال جاء الغوث من الضابط الايراني قائلا:

ـ أرجو ان تكون القوائم جاهزة.

ـ نعم نعم انها جاهزة.. ـ ثم توجه الشرطي الي بالكلام هامسا لي بعصبية: اسمع ايها الوغد لو تفوهت بأي كلمة سأدفنك حيا على الحدود.. ستمضي وكأنك ايراني مفهوم..

ـ مفهوم سيدي... اجبته بخوف ـ .

تقدمنا الى الضابط الايراني ثم اخبره الشاب الذي معي:

ـ سيدي هذا الذي معي مجهول الهوية وليس ايرانياً.. لقد ادرجوا اسمه معنا وذلك لهروب احد الايرانيين من السجن.

مسح الضابط الكهل على رأسي بشفقة كبيرة وقال للشاب:

ـ اخبره بالتركية انه في امان هنا وإنني لن استلمه.

ثم تكلم مع الشرطي التركي: قبل ان تغادر او ان نعلمكم بأننا لا نستلم اشخاصا غير ايرانيين فخذوا هذا الشخص.

استلمني الشرطي التركي بغضب شديد وكادت عيناه تخرجان من وجهه:

ـ إذن اخبرتهم ايها الوغد..

ثم سألني عن جنسيتي فأجبته: فلسطيني.. فأمر الشرطي الآخر ان يدرج اسمي في قائمة مجهولي الجنسيه مع الباقين..

نحن على المثلث الحدودي ـ تركيا ـ ايران وروسيا وبالتحديد حدود ـ باكو ـ ـ ... منطقة جبلية تسكنها قطعان الذئاب، لا احد يهتم بالآخر فكل الموجودين هم مهربون يتعاملون مع الجنود.. ثم اتجهت الحافلة الى ـ وان ـ لتتجول بنا لساعات تبحث عن جهة تقبل باستلامنا ولكن لا احد من الدوائر الامنية تقبل بالاستلام.. الجوع والحر والعطش بدأوا يهتكون بنا.

اثناء المفاوضة بين مديرية الامن التركية والشرطة حول تسليمنا لهم كانت الحافلة فارغة وكأنها رسالة منهم لنا تقول: هيا اهربوا ـ ـ ... حاولت ان اتخلص من القيد الحديدي ولكن دون جدوى.. الشخص الذي كنت معه كان يدخل ويخرج معصمه بكل راحة في القيد.. نصحته بالهروب بينما الشرطه مشغولة ولكنه كان مترددا.. وبقينا على هذه الحالة قرابة ساعة ثم امتلأت الحافلة بالشرطة فقد فشلت المفاوضة والآن الشرطه ستحاول التوجه الى فيلق الجيش المتواجد على الحدود لتعرض عليها مفاوضة اخرى.. وقصة مختلفة.. فقد قبل الجيش بنا وهنا بدأت مفارقات اخرى..

وصلنا معسكر الجيش على الحدود ومعنا ٢ من اتراك العراق

ـ التركمان ـ وأبو زهرة، بنغلاديشي وأفغاني، ٦ من المسيحيين العراقيين وعدد من الافغان المعروفين بالبرابرة.. الشخصان من تركمان العراق لم يكونا بالمستوى الاخلاقي الجيد.. لديهما افواه فارغة فقط يجيدون الكلام.. لارجولة تسكن داخلهما.. احدهما كان يحلق شعره كما يقال ـ القزع ـ.

وجدت ساعة مكسورة على الارض الترابية حال نزولي من الحافلة.. صاح علي احد الجنود:

ـ هذه مُصادرة.. اعطيني اياها لايحق لكم ان تمتلكوا اي شيء يا عرب.. يكفيكم النفط.

ـ يا أهل البترول... ـ اكمل الجندي الاخر ساخرا منا نحن كعرب ـ.

حل الغروب وكنا لا نخفي خوفنا الظاهر على وجه كل فرد منا...

كان رئيس العرفاء يمثل دور الودود والطيب.. ولكنني استطيع ان ارى مكره من خلال تصنعه معنا بالطيبة لكي يكون باستطاعته ان يسلب ما بوسعه من المال. كنت املك ٧٠٠ دولار تم لفها على شكل قلم رفيع ساعدني في صنعها عدنان الذي يملك اصابع ذهبية لإجادته البارعة في امور الحرف اليدوية.

لم يرق لي كلامه المعسول فهو تركي، والأتراك هم عبدت

المال.. هكذا كانت تجاربي معهم اذ لم اصادف مخلصا طوال فترة معاملتي معهم.

حذرت الجميع بالفارسية والعربية من خطر الوقوع في كمين الجندي التركي ولكن بلا فائدة الكل سخر مني إلا ابو زهرة قال:

ـ احمد لا تتكلم مع الحائط فهم اغبياء.

لم احاول ان اقنع هؤلاء لان الكلام لا جدوى له معهم ثم طلبت من الجندي ان يسمح لي بقضاء حاجتي.. ولم تكن لي حاجة لأقضيها لولم يكن بحوزتي دولارات وعلي اخفائها. رجعت الى المجموعة ثم طلبت من ابو زهره ان يخفي لي ال ٢٠٠ دولار فزوجته لن يفتشها احد فنجحت الفكرة.

الجندي قال لنا ـ طلب مني ان اترجم الى اللغتين العربية والفارسية ـ :

ـ سناخذكم الى اسطنبول بطريقتنا الخاصة ولا تقلقوا فقط اخبرونا كم لديكم وسنتساهل معكم بدورنا.

عند الترجمة كنت احذرهم من كذب هذا الشخص ثم قاطعني احد العراقيين قائلا:

ـ اخي لماذا انت دائما متشائم اخبره بأن لدينا الكثير من المال.

أغبياء كنت اتمنى لو امسك بخناقهم فهم مازالوا يصدقون هذا التركي.

الجميع وافق اما انا فأخبرت الجندي بان مالي في ـ وان ـ وعند الوصول هناك سأعطيه حقه.

ضحك الجندي بوقاحة كبيرة.. ثم سرعان ما نفذ صبره فصاح:

ـ الكل الى الخيمة فأنا اعرف الطريقه الصحيحة لإخراج المال من عيونكم.

خاف الجميع.. فتوسل كل شخص بلغته الأم من الجندي ان يعطيهم فرصة ولكن دون جدوى.. فقد اقتادونا كالخراف الى خيمة كبيرة وبدأ التفتيش القسري والوحشي ثم ضربوا الافغانيين بقسوة. تفتيش قوتهم داخل الخبز.. فتتوه بحثاً عن المال الذي يخفونه بداخله.. كنت اسمع اصوات الضرب واستنجاد الافغانيين بالجنود.. اما حازم فكان ببرود يريح قدميه على جدار الخيمة يغمض عينيه وكأنه واثق بأنه في امان من كل هذا الحدث.

حان الان تفتيشنا.. جاء دوري لم يجدوا لدي اي شيء؟ استغرب رئيس العرفاء فقال لي:

ـ ايها السافل اين مالك؟ تريد ان تصل الى اسطنبول وأنت

شحات... ـ ضحك وسمح لي بالمغادرة بعد تفتيش دقيق.

هممت بالخروج وكان الجنود منشغلين بالتفتيش وعند مدخل الخيمة اعطاني خلسة احد العراقيين حقيبته فأخذتها دون ان اعرف ما بداخلها ولكنني فهمت ان الغرض هو انقاذ محتواها.. ففيها صليب ذهبي لكل واحد منهم وبعض الاشياء الثمينة.

بعد ان انتهوا من التفتيش بسلام ارجعت لهم الحقيبة وشكروني والآن اخر شخص من سيُفتش هو حازم؟

جاء دور حازم في التفتيش تقدم بين واثق الخطى والخائف... ولكنه فقد الثقة وبدأ بالارتباك.. عندما امره احد الجنود بخلع حذائه مباشرة.. ماحصل ان الجندي بعد ان اكمل تفتيش حازم امر الاخير ان يلبس حذاءه ويمضي فقد انتهى التفتيش.. حازم لم يفهم ما يعنيه الجندي فظن بان عليه ان يرج بقوة الحذاء الايسر.. رفع حازم الحذاء فاستغرب الجنود... وكلما امروه بان يغادر ازداد حازم في هز الحذاء وهو يظن انهم يأمرونه بذلك فسقط فجأءة ٥٠ يورو ليكون حازم كيسا للكم والضرب الى ان ركله احد الجنود بركبته بكل قسوة قائلا:

ـ القواد لديه يورو.. اسحقوه ليخرج كل ما لديه.

هم الجنود عليه بالضرب والركل.. مشهد عراقي يُضرب تحت اقدام الجنود الاتراك ليس بالأمر السهل وأمام عيني يسبون وطنه ويلعنون اصله. وانا عاجز عن اسعافه... فقد تهشم وجهه وانفه.

حملوه الى الخيمة كجثة هامدة.. ثم رموه على ارض الخيمة بكل برود وتركوه اسير الالم... فأسرعت اليه لكي انظف وجهه من الدماء ثم انفجرت عليه غاضبا بعد ان عاد حازم الى بروده ورفع قدميه ليريحهما على عمود الخيمة:

- بالله عليك انزل قدميك... يارجل دمرتني هل ستنام كالسابق؟

- وماذا تريدني ان افعل. ؟ - رمقني بطرف عينيه ثم اغمضهما... ورجع لسباته المعهود.

ضربتُ بيدي على رأسي ثم نهضت وتركت الخيمة غاضبا.. وقفت بعيدا عن الخيمة اتأمل الجبال.. ثم قاطع سكوني جندي تركي يحرس المكان:

- هل ستعود الى تركيا؟ سألني مبتسما.

اومأت برأسي بنعم.. ثم ارجعت بصري لأكمل تأملي تاركا الجندي يراقبني باستغراب...

الى إيران:

حلّ الظلام والبرد معا.. نحن على سفح الجبال نحمل غالونات نفط فارغة ولا نعرف لماذا ننتظر شيئا ولا ندري ماهو.. ثم بدأت اشباح بشرية قادمة من الطرف الايراني تتجه الينا.. تحمل في وجوهها بشارة وفرحا غير عاديين.

تصافحوا بحرارة مع الجنود ثم استلمونا لقاء ٢٠ دولاراً على كل شخص منا.. اذا اتفاقيات تهريب النفط والأشخاص تتم هنا وهذه ليست المرة الاولى. اخذنا المهربون فنحن الان ملكهم.. سيتم تصفيتنا حال وصولنا الى مقراتهم الموجودة على الحدود.

خمس ساعات من المشي بين الهضاب وفي الليل بالتحديد.. والمهرب مازال يردد لم يبق الا الربع اليسير... فلا تقلقوا.. ستصلون الى خيمنا وترتاحون وتاكلون وتشبعون ومن ثم سنوصلكم الى حيث تشاؤون.

ثم حذرنا من رمي الغالونات ولكننا سرعان مارمينا الغالونات احتجاجا قائلين:

ـ لسنا بغالا مفهوم.

ـ لا انتم اخوتنا هات عنك. ـ فأخذ من احدنا الغالون ليهدئ الغضب والتعب الذي بات يحتل الوجوه ـ وصلنا بعد

ساعات الى اماكنهم ثم دخلنا خيمة كانت مقامة خصيصا، وبعد العشاء نام كل واحد منا في الفراش المخصص لنا.

هؤلاء في الصيف يمارسون التهريب حيث يعسكرون مع اهاليهم وبخيامهم على سفوح الجبال بحجة رعي الاغنام وفي نفس الوقت يُهربون النفط والأشخاص من والى تركيا.

وفي صباح اليوم التالي كنت مع ابو زهرة نتبادل الحديث على نهر جار فأخرجت الدولارات لأغسلها في النهر:

ـ اين كان هذا المبلغ فرائحتها تكاد ان تخنقني.

فعلا الطبيعة جميله فكل شيء من حولنا اخضر وجبال شاهقة القمم تحيط بنا وتبهرنا بارتفاعاتها. وجدت التفافة غريبة من قبل مجموعتي حول المهرب وهو يسرد لهم خطة الذهاب الى تركيا فانضممت اليهم لأسمع ما يقول انه يكذب ولكن لا بأس نحن بحاجه الى الكذب احيانا لكي ترتاح اعصابنا.

كنت احب الخبز الحار الذي تصنعه النساء ولم امنع نفسي من الاقتراب منهن واطلب شيئا من الخبز اللذيذ.. العب مع الاطفال كل يوم في البرية.. فعلا الراحة بدأت ترجع لي.. وخصوصا في هذا المكان السحري الجميل.

لم يرق لي الاختلاط بمجموعتي فأنا لا اعرفهم ولكن ـ حازم ـ كان شخصا فريدا من نوعه، فبالرغم من آلامه فهو مازال نائما

على طريقته المعهودة.. طلب المهرب ان يقسماً المجموعة التي تود الرجوع الى العراق او طهران او تركيا.. ثم اخذ قسم منا بسيارته الى مركز المدينة ليتصلوا بذويهم لتلقي مال السفر. رفض شقيق حازم ان يساعده رغم انه يعمل دكتورا في المانيا.. ورجع الينا يبكي ويشتكي قسوة اخيه عليه. نقلنا المهربون الى اماكن اخرى لكي نبدأ بالسفر ولكن كالعادة كنا نتأخر عن موعد الخروج.. تارة يبعدوننا عن الخيمة ويخيفوننا بالتزام الصمت لأنهم يتعرضون لحملات دوريات الشرطه ولكنها كانت مجرد اكاذيب لكي يوفروا مصاريف الطعام.. وبعد ايام اجتمعنا عليهم وأمسكت بخناق احدهم قائلا:

ـ ان لم نخرج فسوف لن تلقوا ما يسركم.. ولن نترك الخيمة بعد الآن مفهوم؟

لم ينبس المهربون بكلمة بعد ان رأوا تكاتفنا، بل كنا نستيقظ وقت ما نشاء دون ان يسوقونا خارج الخيمة صباحا الى اخر النهار.. حتى انهم كانوا يجلبون لنا بدل اللبن والخبز الرز واللحم في اغلب الاوقات.

استطاع المهربون ان يستولوا على الذهب الذي كان بحوزة العراقيين رغم انهم كانوا يعتبرون الصليب اغلى شيء لديهم، فهو تذكار غال من امهاتهم اليهم. قلت معاتبا احدهم:

ـ انت غبي كيف تدعي بأنك مهرب وقد ضحك عليكم

المهربون فاخذوا منكم كل ما تملكون.

كانوا نادمين ولكن فات الاوان وقد انتهى كل شيء ولم يبق على موعد الانطلاق إلا ايام قلائل.

وصل المهربان من تركيا لكي ننطلق معهما، هما كرديان من اصل تركي يتكلمون الكرمانجيه.. وما ان باشرنا المسير حتى بدأت السماء تمطر ثم اثلجت ثم امطرت والغريب اننا في الصيف.

الرحله كانت في الليل نجتاز التلال العالية بصعوبة بسبب لزوجة الارض التي تحولت الى طين.. لا نكاد نرى الارض من شدة التعب ولكن التزم كل واحد منا بصبره الذي كان سبب وصولنا بسلام الى الاراضي التركية بعد ساعات من المشي.. قال لنا المهرب:

- المفارز تملأ المكان سوف نرتاح في احد البيوت لكي نواصل مسيرتنا غدا ليلا.. سأتصل بأحد عملائنا ليقلنا الى المكان.

كان جادا في كلامه ولم يكذب معنا طول الطريق وهو يعلم بأننا لانملك شيئا فكل ما نملكه قد اخذوه لقاء ان نصل مدينة - وان - جلسنا بين الاحراش ننتظر سيارة العميل بالمجئ.. نرجف من شدة البرد فأجسادنا مبلوله من المطر ولكن السماء صافيه الان وهذا يعني ان لامطر سيهددنا مجددا. تأخرت

سيارة العميل ثم قال لنا المهرب:

- العميل تأخر وهذا يعني انه وشى بنا، سنغير هذا المكان.

وفعلا انطلقنا الى تغيير مكاننا وبعد نصف ساعة جاءت سيارات الشرطة تبحث عنا في تلك النقطه التي عسكرنا بها.

- انتم الان بأمان لا تتحركوا على ان اجد شخصا في هذه القرية لإيوائنا لهذه الليله لا تتحركوا مهما تأخرت.

تأخر الرجلان والساعة الان الخامسة فجرا.. بدأنا نشك بأمر رجوعهما.. ثم طلب مني الجميع ان ابحث مكان لإيوائنا لم يروق لي تلك الافكار ولكن الحاح الجميع وتوسلاتهم جعلني افكر في اصطحاب الافغاني معي لنبحث عن مكان لقضاء الليلة بعيدا عن خطر الشرطة.. ولكن هل سأنجح؟

شكرا يا ضوء القمر:

ولعل في الامطار الغزيرة فائدة لكي استدل على رفاقي بعد ان افقدهم وهذا الشيء كان مهما جدا لي..

تركت الرفاق الخونة لأبحث عن شخص يساعدنا بعد ان وعدني الجميع بانهم لن يتركوني مهما يحدث.. اصطحبت الافغاني معي ثم دخلت القرية فبدأت كلابها تنبح علينا.. عبرنا نهرا صغيرا ثم ازداد نباح الكلاب.. واتجهت الى دار

مظلمة لاستنجد بصاحبها.. طرقت الباب اشعل صاحب الدار الانوار ثم خرج علينا مستغربا.. كان اعور لا يبشر وجهه بالخير فسألنا:

ـ من انتم؟ ـ قالها بقلق شديد ـ.

ـ نحن فلسطينيون قدمنا من هذه الجبال.. أجبته مشيرا الى الجبال ـ.

نظر الرجل الى الجبال المحيطة بالقرية ثم استطرد وقال:

ـ وكيف وصلتما الى هنا؟ الم تصادفكما قطعان الذئاب؟

ـ لا.. انا واصدقائي نريد مكانا للمبيت.

ـ إذن انتم مجموعة؟ تساءل الرجل.

ـ أجل ولكن ارجوك اريد بعض الماء من فضلك فأنا عطشان منذ البارحة.

أمر ابنه الصغير بجلب غالون كبير من الماء... حملها الينا بصعوبة... شربت الى ان اكتفيت ثم اعطيت الافغاني الباقي ليشربه.

ـ هل عندك مكان للنوم؟ لا تقلق ستأخذ اجرك.

ـ نعم.. كم عددكم؟

ـ ما بين ١٢ او ١٣.

ـ ستنامون في حظيرة الابقار وكل شخص يدفع خمسين دولارا.

ـ موافقون سأجلبهم وآتي اليك.

انطلقت مع الافغاني بسرعة الى المجموعة لكي ابشرهم بالخبر.. احسست ان امرا ما حصل فانا لا اجدهم في اماكنهم؟ تساءلت فيما لو اضعت الطريق؟ ثم امعنت النظر الى مكان جلوسهم.. نعم هذا مكانهم ولكن ماذا حل بهم؟ قلق الافغاني وبدا بالنحيب. قلت له بالفارسية:

ـ اهدأ سأجد الحل.

ـ وكيف ستجد الحل لقد ذهبوا وتركونا نواجه قدرنا.

ـ اهدأ سنجدهم.

جلسنا نفكر ثم خطرت لي فكرة لم تكن في الحسبان فقلت له...

ـ وجدتها.

ـ ماذا وجدت؟

ـ الطريق ياغبي.

ـ وكيف وقد تلاشت آثارهم؟

كانت اثارهم مازالت موجودة وبفضل ضوء القمر استطيع ان اقتفي الاثار واصل اليهم مطمئنا.

ـ هذه اثارهم انظر اتبعني وسنصل اليهم.

الافغاني اعتبرها فكرة غبية ولكنني لم اهتم به الا انني كنت حريصا على تنفيذ ما برأسي الى ان وصلنا الى بركة ماء.. لقد فقدت الاثر ثانية.. هل عبروا البركة؟ ام تلقفتهم السماء؟. لا ارى لهم اثراً ما بعد البركه اذن اين هم؟ ثم سمعت صوتا يناديني بصوت خافت:

ـ احمد نحن هنا.

ـ اوغاد تفكرون في انفسكم وحسب.. ـ قلت لهم غاضبا ـ ....

ـ نعم يا أحمد (كان احمد اسمي المستعار) نحن هنا داخل الاحراش فقط تعال ارجوك.

تنفست الصعداء ثم توجهنا اليهم بكل نفاد صبر. ما أن رأيتهم حتى انهلت عليهم بالسب والشتم:

ـ ايها الكلاب تركت مكاني من اجلكم وانتم تتخلون عني.

ـ كلا لقد اخبرنا المهرب انه لن يرجع الينا حتى يعود بكما فاطمئن يا صاحبي.

ـ وأين هو الان؟

لم اكمل حديثي حتى سمعت احدا قادماً الينا من بعيد..

فالرجلان عادا بعد ان يئسا من البحث عني وما ان رآني المهرب حتى قال لي:

- اين كنت؟ كيف تجرؤ على ترك مكانك؟ لقد وعدناكم بالرجوع وكان عليك ان تصدقنا.. انتم دفعتم كل ما لديكم فكيف سأترككم في بلد غريب اين ذهبت الرحمة.

تحركنا الى البيت الذي سنقضي فيه ليلتنا.. كنا ندخل بكل هدوء لكي لا يحس بنا الجيران.. ثم دخلنا الى حظيرة فارغة ونظيفة ومفروشة وعلى على الارض تنور في داخله يشتعل نار هادئة لا تحرق من يحاول ان ينال الدفء منه..

وعند الصباح استيقظنا للفطور.. وقضينا اليوم كله داخل الحظيرة الفارغة ننتظر الليل لنكمل المسير.. الطريق كان ملغوما بدوريات الشرطة.. كلما اقتربت دوريه انبطحنا لنستوي مع الارض الرملية لنتجنب سياراتهم. طال بنا المسير اياماً ننام في النهار بين الاحراش ونسير في الليل.. حذائي المتهرئ لا يصلح للمسير وأوجاع ساقي لا تنتهي ولا نملك غير ان نتحمل الاعباء لنصل بسلام. قرية مهجورة صادفتنا فيها بعض البيوت المسكونة.. دخلنا الى بيت مهجور مفروش ثم اغلقوا الباب واقفلوه بالمفتاح علينا.. نمنا كنوم اصحاب الكهف، وضعنا يرثى له.

حل الصباح واقترب وقت الظهر.. بدأنا نفيق الواحد

تلو الاخر لا حمامات ولا مطبخ، الابواب موصده. نادينا بالأشخاص اللذين ينظرون الينا ويضحكون ولكن بدون جدوى. فاضطررت ان اقضي حاجتي داخل الحذاء القديم وان اعطي الزوج الاخر من الحذاء لشخص اخر. تخلصنا من الاحذية بواسطة كيس عن طريق الشباك ولكن لسوء الحظ فالرمية جاءت بالقرب من الشباب وكان كافيا في اندلاع حرب ومشادة كلاميه طويلة.

لم اعد املك حذاء اكمل فيه مسيرتي الشاقة... اخرج احدهم حذاءا جديدا ليتفقده ثم طلبت ان يعيرني القديم ولكنه رفض بشده وبالضغط عليه استطعت ان احصل على الحذاء لإكمال الرحله الشاقة.

اثناء المسير عانى حازم من آلام القدم فاضطررت الى ان أتأخر عن الرفاق وأساعده في المشي.. ولكنهم تجاهلونا وساروا مسافة كدنا ان نفقدهم.. فناديت بغضب عليهم لكي يساعدونا.. خاف الجميع من ان يفضح امرهم فأجبرهم المهرب على العودة ومساعدتنا.

وصلنا بعد مسيرة ايام الى مدينة ـ وان ـ وهناك اخذ المهربون كل الذهب والمال من رفاقي ولا خيار لهم بالرفض فالاتفاق سار على هذا الاساس وكانت املاكهم مرهونة لدى المهربين منذ البداية.

الى احضان اسطنبول:

مكثنا في بيت احد المهربين لكي نتهيأ للمرحلة الاخيرة وهي اسطنبول ولكن علينا ان نختار بحذر الشخص الذي سيتكفل بإيصالنا دون متاعب وعليه ان يكون ذكيا جدا.. في البيت انا وحازم وحوالي خمسه من اخوتنا المسيح وبنغلادشي وأفغاني و ٢ من تركمان العراق. لم يخرجنا احد لقضاء الحاجة منذ الصباح فاضطررت الى التبول في اصيص الازهار. عارضني الجميع ولكنني تجاهلتهم فهنا في الغربة تعمل ما لا تتوقعه لكي تعيش.. ولأنك لست في بيتك لتصنع ما تشاء.. فلا ضير من بعض التصرفات غير اللائقة للسلامة الصحية.

بعد ايام قلائل حضر ابن صاحب المنزل ليحمل لنا خبر التهيؤ للسفر وأكد والده ذلك.. ولكن عندما جاء شخصان لكي يأخذانا الى اسطنبول استوقفت مجموعتي لان الشخصان لا يتسمان بالصدق.. ولكن المسيحيين اصروا على الذهاب وودعونا بالفعل..

حازم اشتعل من الانتظار وكان يتحايل عليهم باصطحابهم.. منعته ولم يكن ليصغي حتى قال المهرب:

ـ لا مكان للآخرين.

وودعونا فرحين.... سألني احدهم قبل ان يذهب:

ـ احمد انا معجب بتقديرك للأمور فماذا تعتقد هل سنصل؟

- لا استطيع الجزم فالله يعلم ولكن خذوا حذركم ولا تصدقوا كل ما يقال لكم..

غابوا عنا وحازم الذي اجهش بالبكاء ويلومني تارة ثم ينظر من خلال الشباك تارة كالمجنون... ربتُ على كتفه ثم قلت بثقة:

- حازم وعد مني سترافقني.. فأنا في حياتي لم يخب لي طلب عند احد... والان ستجدني معك رغم انك ثقيل الظل وعسير الهضم ولكنني سأساعدك.

طال البقاء وها نحن نعيش في حرب اعصاب لا نعلم مصيرنا.. حازم قلق على وضعه وأنا قلق من الخطوة الاتية فلو فشلنا لا قدر الله فأن الامور ستزداد تعقيدا. بعد ايام جاء رجلان ومن اول كلام معهما تأكدت بأنهما ذكيان فالشجاعة تضيء وجهيهما ولم اتردد بالمقابل ان اعقد معهما اتفاقا وننطلق.. لم يرفضا اصطحاب حازم لأنهم علموا بقصته وسيأخذونه لأنه صديقي هكذا قال المهرب ولم تمضي إلا لحظات حتى كنا في داخل السيارة لننطلق الى بيت اخر لكي ننطلق كمجموعه الى اسطنبول.

استغرقت الرحلة اياماً... لم نترجل يوما لنمشي او نقطع جبلا سوى لقضاء حاجتنا بين الاشجار.. كنا نمر بأماكن جميلة.. طبعا لم يكن بمقدورنا ان نرى الطريق.. لا نوافذ ولا

شعاع شمس يخترق مكاننا إلا اننا كنا ننزل بين فترة وأخرى لنغتسل قليلا من العرق الذي غطى اجسادنا من الحر الشديد ثم نصعد السيارة وننطلق.. كنا وجبتين انقسمنا في سيارتين من نوع ـ فان ـ ..

اللحية غطت الوجه وأكاد اشعر انني اصبحت بيتا للقمل.. ففي احدى المرات وأنا اغسل وجهي احسست بهذه الحشرة المربكة تسير على حافة الملابس.. مما اثار في نفسي القلق.

استغرقت رحلتنا اسابيع بين القرى تارة وبين الطرق الصحراويه تارة اخرى... انهكنا الحر الشديد.. كانت ثلاث مركبات الاولى تستكشف الطريق وترسل الاشعارات الى المركبتين اللتين تحملان الاشخاص.

وأخيرا ـ اسطنبول ـ هتف المهرب من جهة الامام.. لم يكن بمقدورنا ان نرى من في الخارج لان السيارة مغلفة بالأخشاب من الداخل لكي لا نكون واضحين للعيان... ولكن الفرحة عمّت وجوهنا.. دخلنا منطقة تقسيم وارتجلنا بسرور وخائفين في نفس الوقت من المركبه الى شقه خاصة كانت مليئة بالأفراد الذين وصلوا قبلنا وهم ينتظرون الافراج حال دفع المبالغ التي عليهم. المنطقه بأسرها وحتى الشرطة كانت تابعه للمافيا الكردية التي جاءت بنا الى اسطنبول.. وكل البيوت المجاورة كانت تنقل الاخبار الى المهربين... ففي احد الايام حاول

احدنا ان يكسر حديد الشباك... فاتصلت فتاة بأحد المهربين لكي تنقل له الاحداث. وفي مره من المرات قرر المهرب تقسيمنا الى شقق متفرقة لكثرة اعدادنا.. وكان البنغلادشي له النصيب في نقله الى شقة اخرى وحاول الهرب... التزم رجال المافيا الثبات في اماكنهم وكنت مدهوشا لردة فعلهم.. ولكن بعد دقائق تم احضاره الى المهربين بسيارة الشرطة... وكانت جنايته كافية لأن يتلقى جزاء هروبه الضرب حتى تدفق الدم من وجهه وفقد وعيه ثم ارجعوه الى الشقة محمولا بين ايدي المافيا.

تأخر موعد دفعي للمبلغ ثم قال لي المهرب:

- أنا لم اصدق احدا في حياتي، ولكنني عندما اتفقت معك في ـ وان ـ ادركت انك ابن حلال ولا تكذب ولهذا السبب ساخذك الى صاحبك الذي تكفلك لكي يدفع المبلغ عنك وعن حازم.

- حازم لن اقدر دفع مبلغه لان اخاه قد نكل به... ولكنه شاب جيد وارجو ان تتساهلوا معه.

- ان لن يقدر ان يدفع سنتركه لأجلك... لأنك شاب مثقف.. وسنآخذك الى عدنان لكي يدفع المبلغ.. ولكن صدقني لم افعل هكذا شيء من قبل... فكل من لايدفع يشتغل في احد مصانعنا ثم نعصره جيدا ومن ثم نعلن حريته بمزاجنا.

في اليوم التالي ذهبت معه وصاحبه الى عدنان الذي سيدفع المبلغ وطوال الطريق ونحن نمشي في اسطنبول وفي الاماكن المزدحمة تركاني حرا وبلا مراقبه كان المهرب يبتسم في وجهي ويسألني لو كنت جائعا او لا.. وجهاهما لايدلان على الشر وكان صاحبه الثاني يصلي في وقته ولم ار اي تصرفات سيئة منهما غير الاحترام.. لأنني في الايام الاخيرة كنت اقضي فترة احتجازي في بيتهما..

وقت الغروب وصلنا الى منطقة قا يا باشي.. معمل قديم جدا حتى السقف مليء بالثقوب ولا يحمي احد من الامطار.. يملأ المكان رمل اسود لان المصنع يعمل قوالب تعتمد على صب الحديد المصهور في قوالب رملية.. سيارات ومعادن كالجبال تملأ اطراف المكان القذر والمهجور.. قال لي المهرب:

ـ ستكون مفاجأة لصاحبك انتظر هنا وسنباغته كالعصابات لنرى ردة فعله ولكن لا تضحك.

ابتسمت ثم بلغنا غرفة عدنان.. كان الاخير مشغولا في غرفته المتواضعة الصغيره حينما دخلوا عليه بسرعة كانت كافيه لإرباكه.

ـ انت عدنان؟ اجب بسرعة.

ـ نعم.. ـ اجابهم محاولا ان يسيطر على رباطة جأشه ـ.

- تعرف احمد؟

- من احمد؟ اجابهم.

انطلت المزحة عليه ولكنهم سرعان ما كشفوا عن لعبتهم ثم ناداني احدهم الى الداخل.. استقبلني عدنان بحرارة صادقة تناسينا كل ما صادفنا من مشاكل وكأنني التقي به لأول مرة.. جلسنا ثم اتفقنا على موعد تسليم المبلغ واخبر عدنان الشخصين ـ كما اوصيته ـ بأن لي اهلاً في العراق قد باعوا لوازم بيتية لتأمين المال لي.. وفي الشقة استطعت ان احلق لحيتي واستحم ثم انتظر عدنان ليأتي ويُفرج عني.

وصلنا ـ قا يا باشي ـ مع عدنان بسلام.. وعملت مع عدنان شهراً ثم انفصلنا بسبب المشاكل، مما اضطررت الى الرجوع الى معمل البلاستيك الذي تغيرت ادارته الى الاسوأ ثم ابدأ رحله جديدة من مشوار العمر الصعب.

الهروب من سجن اسطنبول:

اداره جديدة ووجوه جديدة في المعمل الذي تركته قبل شهور.. الاخوان من اذربيجان كانا يعملان ويقيمان في المصنع.. فانضممت اليهما.. كانا رائعين وكانا يعاملانني بلطف... بدأت اول اسبوع عمل... وما أن حلّ يوم الاحد

حتى قصدت اسطنبول للترفيه كعادتي.. وعندما كنت اقصد اسطنبول كنت ازور حانات اسطنبول للاستمتاع بالأغاني التركية القديمه والشراب التركي المفضل لدي واقضي وقتا سحريا انسى فيه تعب العمل وبعدها اعود ادراجي الى حيث اعمل وأقيم.

وصلت الى اسطنبول وتجولت في شوارعها وكان يوم الاحد ـ عطلتي الاسبوعية ـ ـ ... واستنشقت هواء البحر الجميل والمنظر الخلاب للصيادين وهم يدلون بسناراتهم من أعلى الجسر الى النهر... مدينة ساحرة عشقتها كثيرا وتمنيت لو انني استقر بها للأبد.

نهضت من المقعد لكي اقصد السينما.. اشتريت تذكرة ثم جلست في قاعة السينما استمتع بمشاهدة الفلم الى أن جرت الرياح بما لا تشتهي السفن.. اناروا اضواء السينما فجأة.. ودخلوا شرطة الاداب بسرعة ثم طلبوا من الجالسين بطاقاتهم الشخصية.. وصل الي الدور فأجبت الشرطي بالتركية ـ بأنني نسيت بطاقتي في البيت ـ ـ ... فأمرني بأن انتظره في زاوية السينما مع الباقين.

كان هذا ما يخيفني فبعد مشقة القدوم الى اسطنبول يتم القبض علي في مكان تافه ومن ثم الاقي ما لا يرضاه احد على حالتي.. جمعت رباطة جأشي وتقدمت الى الزواية

البعيدة بكل ثقة.. أمشي الى نقطة الموت.. نقطة الفصل.. نقطة تهشيم العظام لو فشلت في الهروب.. فأمامي أرى أُناسا مدنيين اتراكاً وليسوا اغراباً تضربهم الشرطة بقسوة.. فما بالي أنا غير القانوني؟ ماذا سأقول لهم؟

وصلت نقطة التجمع واستدرت جهة الشمال القريبة منهم لاستغل انشغال الشرطة المدنية بضرب المدنيين ثم اطلقت ساقي للريح.. صعدت السلالم بسرعة من دون ان يلحظني احد.. قابلني على السلالم مدير السينما الذي كان يقصد الصالة ولم ينبس بكلمة عندما رآني اهرب.. الى ان حالفني الحظ وبلغت الباب الخارجي للسينما ثم اختفيت من المنطقة.

لا اصدق فأنا محظوظ، فتلك حركة تودي بصاحب من يفعلها الى تكسير اضلاعه لا محالة من الضرب.. فكيف نجوت؟ وكيف تجرأت على مثل هذه الفعلة؟

قررت الذهاب الى الجامع لقضاء حاجتي وما أن دخلت باب الجامع حتى رأيت ان بعضا من اصحابي ـ أكراد العراق ـ في قبضة رجال الشرطة فعدلت عن فكرتي لأرجع ادراجي من مدخل الجامع وكنت مصمماً على ان لا يروني.. وصعدت الحافلة لتقلني الى منطقة سامنجلار.. المنطقة القديمة التي كنت اشتغل في احد معاملها سابقا.. جلست في الحديقة قليلا ثم مرت دورية الشرطة من غير ان تنتبه لوجودي.. رن هاتفي

المحمول.. صديق كردي قديم يدعى ـ خوشناو ـ تعرفت عليه في ايران بات عندي ليلة قبل ان يغادر الى تركيا حينذاك.. وها نحن نلتقي بعد سنتين على غير موعد.. اتصل وأعرب عن اشتياقه لمعرفة اخباري وطلب رؤيتي.. فهو سينتظرني على الساحل.. اخبرته بقصة حادثة السينما واني سآتي لأراه بعد ان انهي المكالمة فورا.

نهضت وركبت الحافلة الى منطقة ـ اكسراي ـ .. شرد ذهني قليلا الى عالم العراق ولم انتبه لمفرزة الشرطة التي كانت مقامة امامي وحصل ما لم اكن اتوقعه.. استوقفوني فجأة ثم سألوني عن بطاقتي الشخصية فأخبرتهم انها في البيت.. قال لي الشرطي ـ انت لست من تركيا ـ فأجبته ـ انا من اذربيجان ـ .. تمعن الشرطي جيدا في اسناني ثم قال بابتسامه خبيثة:

ـ الاذربيجانيون لديهم اسنان من ذهب وأنت لا.. اصعد في السيارة وفي المركز قل ما تشاء.

قيدوني بالأصفاد لأكون الشخص الثالث في السيارة ممن القوا القبض عليه.. الشخصان من اتراك تركيا ولكن الشرطة دائما تطلب الدليل وبما انهما عاجزان عن اثبات هويتهما فعليهما اثبات ذلك في التحقيق. انتهت عمل الدورية اليوم وتوجهوا بنا الى مركزهم الكائن في منطقة تدعى ـ توب قا بي ـ هذه المنطقة مليئه بفتيات الليل من مختلف الدول ـ رومانيا ـ

بلغاريا ـ وروسيا وبأرخص الاثمان.. اتذكر جيدا عندما كنت اصطحبهن الى الفندق.. كنت احمل هوية الحزب التركماني آنذاك لكي اتجنب المتاعب مع الشرطة.

وصلنا مركز الشرطه.. كان الشرطي يقول دائما:

ـ لا تخافوا سوف نفرج عنكم.

اكذوبة جميلة لكي لا نقدم على الهروب... هنا فقدت الامل.. فأنا مكبل فكيف سأهرب؟

ارتجلنا من السيارة ثم اقتادونا الى المركز.. دخلت المركز بصحبة الشرطة وكأنني اعيش في كابوس لن ينتهي، فأمري قد حُسمته هذه اللحظات.. تعبت وقدماي لا تكادان ان تحملاني وصور الجبال والوديان والمغامرات العنترية تزور بخبث مخيلتي.. لاوطن.. لا والدان.. ولا من معين الا من هو العظيم ـ الله ـ ماذا سأعمل؟ استسلم؟.

مررت بالاستعلامات، استقبلونا بالسخرية وكلمات تدل فرحتهم بالقبض علينا.. اقترب احد رجال الشرطه ليفك قيدي ثم ادار بيديه كتفي باستهزاء لأدخل الزنزانة المليئة بسجناء غير شرعيين.. ما ان فتح الشرطي باب الزنزانة وقدمني لأدخل.. حتى ركلته من الخلف بكعب الحذاء بقوة لأهرب من مركز الشرطة.. وقف الجميع على ارجلهم متفاجئين..

٢١٣

تغيرت الاجواء بدأ الصياح والتهديد ـ قف سنقتلك ـ وتاره يصيحون: انت ايها الغبي الارهابي سنريك ما سنفعله بك..

لم تستوقفني صيحاتهم بل زادتني اصرارا على الهروب.. خرجت الى الشارع اجري بين الازقة وخلفي سيارتان من نوع رينو تطارداني وأنا اركض بكل قوة والناس تتدافع مع بعضها لكي تهرب مني.. وعدد من افراد الشرطة يطاردونني بلا سيارات، ويهتفون بالمواطنين: ارهابي.. أوجلاني ـ اي من حزب عبد الله اوجلان ـ لكي يجعلوا المدنيين يمسكون بي ولكنهم ازدادوا خوفا فأنا بنظرهم ارهابي ولا يستبعدون بأنني انتحاري أيضا.

ركضت مسافة طويلة ثم مالبث ان مد احد الواقفين من الناس بهدوء يده الى قميصي ليمسك بي وانا منهك القوى.. وما ان حاولت ضربه حتى احاطتني سيارتا الشرطة. على الفور وضعوا الاصفاد في يدي.. اداروا ظهري جهة السيارة للتفتيش من اعلى الرأس الى الساق.. اقترب مني الشرطي الذي ركلته وكان يعرج من الوجع ثم ارسل الي لكمة بقبضته وكان في اصبعه خاتم فضي مرصع بحجر.. فاخترق الخاتم جلدي ليمزقه وبدأت أنزف دما اختلط بلون اصفر قليلا.

منعه احد رجال الشرطة من ضربي صارخا في وجهه:

ـ لا تضربه فهو الان ينزف.. كم انت بليد.

قادوني الى السيارة وفي الطريق الى المركز ابتسم رجال الشرطة وقال احدهم مازحا:

ـ لماذا لم تكسر ساقه فنحن نكره ذلك الشرطي.

أحرجني جدا فيما اجيبه؟ فأنا انزف ولا اريد ان اكون كيساً للملاكمة يفرغون بي غضبهم.

في تلك الاثناء وصلت مركز الشرطة الجميع ينظرون الي بدهشة عظيمة يتكلمون عن هروبي وشجاعتي في تنفيذ الفكرة.. اصبحت مصدر حديثهم وكأنني شغلهم الشاغل.. غير ان الدم اقلقهم كثيرا وحاولوا التخلص مني بأية طريقة لأنهم سيساءلون قانونيا.

الشرطي طلب مني وهو يفتح باب السجن الانفرادي ان اغسل الجرح وأعالج النزيف ولكن دون جدوى، فالجرح عميق.. اخبرت الشرطي بأنني مستعد ان اهديه هاتفي المحمول لو اخرجني.. نظر الى الهاتف المحمول القديم.. هز رأسه بالنفي.. تشاوروا فيما بينهم وبعد لحظات جاء الشرطي لُيطلق سراحي.

صعدت معهم في سيارتهم لكي يوصلوني الى المكان الذي سأختاره فأخبرتهم بأنني اود ان اذهب الى منطقة الساحل لارى صديقي الذي ينتظرني هناك..

في تلك الفترة كانت تركيا تمر بمنافسات انتخابية وكان اردوغان قد رشح نفسه لأول مره وما زلت اتذكر تلك الفترة الانتخابية التي مرت بها تركيا.. نزلت من السيارة ثم التقيت بخوشناو ولفترة قصيرة ثم عدت الى المصنع في ـ قايه باشي ـ .

الطريق الى اليونان ٢٠٠٣ :

حل الشتاء ونحن في نهاية ٢٠٠٢ وما هي إلا اياما معدودة وسنودع السنه القديمة.. ومازلت اعبث بأيامي والأيام تعبث بي بلا رحمة وكما تشاء.. لم انسى ذكريات امي المتوفية وأصدقائي.. فالغربة تشدك الى حب الوطن اكثر وتجعل منك وطنيا وفي نفس الوقت تكره وطنك، معادلة معقدة.. استقبلنا راس السنه الجديدة ٢٠٠٣ وتحت طرقات مناشير الاعياد احتفلنا في داخل المصنع الذي نعمل فيه.. انا وبعض العمال.. الاتراك احتسوا كثيرا من الكحول وتقيأ احدهم مما اضطررنا الى حمله الى منزله.

تناقلت الصحف تهديد جورج دبليو بوش لصدام حسين، ونشرت الخطط العسكريه التي تم وضعها من قبل القيادات العسكرية أي الحلفاء في الصحف التركية وأصبح العراق حديث الاتراك في كل مكان.. اما انا فكالعادة كنت اظن انها تمثيلية تحصل مثل كل وقت ولن تغير هذه التهديدات من

الوضع شيئا.. دافع الاتراك عن صدام، بينما كنت مستاء حتى من اسمه.. لم اعلق بل اكتفيت بالانصراف الى عملي..

في الليل عندما ينتهي عملي انام من شدة التعب واضع كيسا ككيس القمح تحت فراشي لئلا يتسخ.. اجلب الكيس من المخزن فهو فارغ من البضاعة ولا ضير من استعماله لأنني انام على الارض.. لاحظ ذلك صاحب المصنع المليونير وجاء ليسحب الكيس بغضب قائلا:

ـ الا تعرف ان هذه الاكياس نحن نبيعها بعد ان نفرغ المواد منها؟ كيف تجرؤ على استعمالها هذه خسارة لنا...

قطع الكهرباء لأنها مكلفه فأصبحنا نعيش في الظلام.. وفي احدى الليالي كنت اتكلم مع اختي وارتجف من شدة البرد القارس.. فأصرت ان اترك المعمل وابحث عن مهرب مهما كان الثمن لكي اتخلص من عذاب البرد، ولم اتردد لحظة بعد هذه المكالمة من ترك العمل والعمل بوصيتها.

غضب صاحب المعمل بل ولم يعطني ربع أجري.. ورفض ان يمهلني اياماً لكي اجمع اغراضي او حتى ترتيب اموري فغادرت وفي نفسي كبرياء وفرح لأنني سأتقدم الى خطوة مهمة جدا لطالما انتظرتها.

بقينا اياماً في بيت المهرب الجديد ولم اتحمل الضجيج.. الشقة تعج بالزبائن الذين ينوون الخروج الى اليونان.. جلسنا

لأيام ثم حاول المهرب ان يبعثنا مع اتراك ليتخلص من العدد.. توجهوا بنا الى اسطنبول الشرقية في شاحنة مغلقة.. نزل الجميع ليقضي حاجته.. نزلت فلمحت اننا اجتزنا جسر اسطنبول الذي يربط بين المنطقه الشرقية والغربية.. لم يفلح المهرب في تضليله لنا مما دفعني الى ان اخبر الاكراد بالأمر.. لم يكونوا على دراية كافيه بالمنطقة ولهذا السبب كانوا يسألونني كل شيء عن اسطنبول ولم ابخل عليهم بتزويدهم بالمعلومات حول المدينة.

عدنا ادراجنا الى بيت المهرب ثم حدد لنا يوما للخروج بشاحنة حمولتها ـ فراش من الاسفنج ـ ووعدنا بان رحلتنا ستكون ممتعة ومريحة. تم وضعنا في سيارة خاصة وكانت معنا عائلة مسيحية عراقية وبنت كردية تجيد العربية تدعى ـ ابتسام ـ وكانت رائعة الجمال سمراء لم اتوقع بأنها سترافقني في الرحلة وبلغ عددنا الاجمالي في الرحله ٤٢ شخصا.

وصلنا الى شركة للتصدير التركية وكان اليوم هو الاحد لكي يتم ختم الشاحنة بالختم الاحمر.. وما ان تتم عملية الختم سننطلق الى اثينا.. كانت العائلة تنتظر في غرفة الادارة بينما الاخرون الذين كانوا من الاكراد العراقيين ينتظرون في ساحة الشركة المغلقه والخالية من الموظفين. تكلم السائق معي كثيرا وعبر عن ارتياحه لانني اجيد التركيه ثم اوصاني بأن

افتش المسافرين لئلا يكون احدهم يحمل ادوات جارحة او كبريت.. الا انه سمح لي بحمل سكين صغير استعمله للظرف الطارئ لو واجهنا حادث، وحيث استطيع شق غطاء المركبة وتخليص المسافرين.

بعد الغروب صعدنا الشاحنة وتم غلق الابواب وإجراء كل الاحتياطات اللازمة لضمان وصولنا الى اثينا.. وستلتقي ابتسام بزوجها الذي سيقدم من المانيا الى اثينا ثم يعود معها.. اوصيت الجميع ان يتجنبوا الشرب العشوائي للماء وان يكتفوا بالأكل البسيط.. سخر الرجل الكبير مني ولكنه بعد عشر ساعات من الرحله طلب قنينة ماء فارغة ليقضي حاجته بسبب شربه للماء والأكل المفرط في الشاحنة مما ازدادت احواله سوءا ولكنه بعد ان قضى حاجته التزم الهدوء وقطع الثرثرة.

لم اعان من الجوع او العطش فمرت الرحلة علي بسلام.. وصلت الشاحنة الى منطقة التفتيش.. توقفت للتفتيش.. وبدأت محادثة شديدة اللهجة بين السائق والموظف في نقطة التفتيش سمعنا صوت صفعة قوية في منطقة الخد.. توقفت الشاحنة مده طويلة.. انتابنا القلق وكنت اترقب الهاتف المحمول في يدي ان يرن لعلني اجدا تفسيراً لما يحدث من السائق.. نحن خائفون من الموقف واما نقاش السائق فقد تحول الى توسلات.. والجميع مضطرب وطلبوا مني بلا توقف

ان اترجم ما يحدث.. بعد نصف ساعة تحركت الشاحنه ولانعرف بعد ما حصل والى اين سيتوجه بنا السائق.. بعد ربع ساعة وصلني رسالة بالتركية على هاتفي ثم تلاه اتصال من السائق يقول مستبشرا ـ :

ـ احمد لا تخافوا نحن بطريقنا الى اثينا. ـ كانت ضحكتة عالية وكافيه لأن تبتسم ابتسام من غير ان تفهم نص الحديث.

كانت بشرى للمسافرين.. واخبرت المسافرين ان يلتزموا الصمت قليلا فالاحتياط واجب ثم سمحت لنفسي بإغماض عيني لارتاح قليلا.

استغرقت رحلتنا يومين ثم في ساعة متأخرة من الليل وفي اليوم الاخير وصلنا الى منطقة صحراوية.. كانت هناك شاحنة ثانيه فارغة بانتظارنا لتقلنا الى اثينا.. علمت فيما بعد ان ٣ من الاكراد خططوا لقتلي ليتسنى لهم اغتصاب ابتسام وكادوا ان ينتظروا اللحظة المناسبة. تأبطت الاخيرة ذراعي ونزلنا وأصرت على البقاء معي ومرافقتي.

كنت احس بحرارة يدها وهي ملتصقة بي داخل الشاحنة ونحن نتوجه الى اثينا ثم قالت لي:

ـ الظروف يا احمد اجبرتني ان اختاره ولا اعرف ما سيكون مصيري مع زوجي الذي لم اتعرف عليه بشكل كاف

ولولا اصرار والدي لما تزوجته.. فعلا اعجبت بشخصيتك الظريفة وأتمنى ان نتقابل ثانيه بعد ان نصل الى بر الامان.

صياح احدهم قطع علينا نشوة الحديث رغم صوت الشاحنة المزعج وهدير المحرك:

ـ اخ احمد هناك مؤامرة على الفتاة ولكن لاتقلقك نحن سنساعدك.

احاطونا بدائرة لحمايتنا؟ موقف رجولي لم اكن اتوقعه.. ولكن كيف يفكرون في اغتصاب فتاة والاستعداد لقتلي ونحن في مثل هذه الظروف؟

كارثة جديدة.. حيث يحاول ٣ من الاكراد التورط بعمليه حمقاء لاغتصاب البنت.. ولكن الحمد لله بفضل الله وفضل اصدقاء الطريق وصلنا بسلام الى اثينا دون اي حادث ولكن احد الثلاثة هددني انه لن يتركني لو راني في اي مكان من العاصمه. نزلنا من الشاحنة ثم قطعنا الطريق مشيا بصحبة شخصين تابعين لشبكة التهريب. اعربت ابتسام عن رغبتها في ان تتعرف علي اخرجت من جيبها ـ خمسة يورو ـ ثم طلبت مني ان اكتب لها رقم هاتف ليتسنى لها الاتصال بي... وصلنا الى البيت المخصص لنا لتصفية حسابات الطريق. غادرت هي قبلي مع زوجها ولم نلتق بعدها.. وتذكرت ان رقم الهاتف كان ينقصه رقم ولم اكتبه وبذلك فقدنا الاتصال.

دفعت كل ما علي من مبالغ وخرجت الى شوارع اليونان لكي اتعرف على احوال اليونان، فها هي حياة جديدة بانتظاري وأتمنى ان اجتاز صعوبة اللغة لكي اعتمد على نفسي في البحث عن العمل. وعلمت بعدها من احد الاصدقاء ان الاشخاص العراقيين الذين توجهوا الى اسطنبول هم الان في العراق.

في اليونان العمل كان متوفرا آنذاك إلا ان اللاجئين كانوا يعتمدون في كسر البيوت المهجورة والسكن فيها ومن ثم سحب التيار الكهربائي من اعمدة الكهرباء لينعموا بالضوء لان الحكومة لا تعير اي اهتمام بمنحها حقوقاً للاجئين هناك. اما في قضايا اللجوء فكل لاجئ يحصل على الورقة البيضاء ـ خرتيا ـ وبعد شهور تتغير الى بطاقه حمراء.. ولكن بعد شهور من الحصول عليها يتم سحبها من قبل الحكومة ويتم طرد صاحب البطاقة الحمراء ولا يُسمح لهم بطلب اي لجوء في دولة وبهذا تتم عملية القضاء على احلامه بكل بساطة.

التقيت بـ بدر ـ شاب كردي ساعدني على تخطي مراحل العيش الصعبة وبعد اسبوعين من بقائي في اليونان وبالتحديد في مقهى يوناني تعمدت امرأة يونانية جميلة ان تجلس على نفس الطاولة التي كدنا ان نجلس عليها في نفس الوقت.. ولكننا تبرعنا بالمكان لها ثم اخترت انا وبدر الجلوس في

مكان بقرب طاولتها. شدتني انوثتها بان اراقبها من مكاني.. تدعى ـ الكساندرا ـ ٣٨ عاما وكانت تكبرني بعشرة اعوام.. جلست مع صديقتها ثم مالبثت ان اشارت الي لأشاركها شرب القهوة.

طبعا كان بدر يعرف ما تيسر من اللغة التي تعلمها ليكون الجانب المهم في ترجمة بعض ما تقوله الكساندرا. في نهاية اللقاء تبادلنا ارقام الهواتف ثم وعدتني بالاتصال في اليوم التالي.

لم اتوقع اتصالها ولم اكن اتوقع ان علاقتنا ستستمر ثلاث سنين.. كانت غنية جدا، طفنا جزر اليونان طوال مدة اقامتي.. تعرفت من خلالها على الثقافة اليونانية وطبيعة عيشهم وتفكيرهم.. وفي خلال ٨ شهور اتقنت الكثير من المفردات اليونانية قياسا لأغلب الاشخاص الذين لم يتقنوا اللغة رغم مرور اعوام على اقامتهم في اليونان. بعد اشهر عملت مع اليونانيين في تنسيق الحدائق وكنت سببا في ايجاد عمل للعراقيين المغتربين.. الكساندرا تكفلت بتأثيث الدار الجديد.. وها نحن نعيش في فترة كانت كافية في تحسين وضعي المعاشي واخذ قسط من الراحة بعد سنين من مشقات الغربة.

٩ / ٤ / ٢٠٠٣ سقوط بغداد

بغداد تواجه الان مصيرا لا يعلمه إلا الله.. بانتظار حربا ستشنه امريكا على العراق وكل فرد يوناني او عراقي يترقب بشدة ما سيحدث. كنت مازلت اسكن معـ بدر ـ في غرفة صغيرة.

اجهزة التلفاز اليونانية آنذاك اوقفت بث كل برامجها.. وكانت تركز كاميراتها على برج بغداد الدولي بعد انتهاء مهلة جورج بوش لضرب بغداد. ولم تبث قنواتها غير منظر البرج بغية تصوير الضربة الاولى التي ستتم وكانت حريصة ان لا يفوتها تلك اللقطه التي ابهرت العالم. وكان التلفاز في غرفتنا يشتغل حتى ونحن نيام لكي نواكب الحدث وكنا حريصين على ان لا تفوتنا تلك اللحظات المهمة.. وما كنا لا نتوقعه

قد وقع.. ففي احدى الليالي استيقظنا انا وبدر على اصوات القصف على بغداد وبدأت صفارات الانذار تصفر وبغداد في حالة حرب الان.. الحرب بدأت. والمراسل اليوناني كان ينقل الخبر بصوت عال.. تركنا النوم وترقبنا تلك الضربات على بغداد. كنا نحضر في المقاهي لكي نشاهد الحدث على قناة الجزيرة.. احدى القنوات اليونانيه حضرت الى المقهى وبدأت تستطلع آراءنا ثم وجه المذيع المايكروفون الي لكي اعبر عن رأيي عن حرب العراق.. وللصراحة كنا في حالة غضب من تصرفات صدام وكان الشعب انذاك يريد بأي وسيله ان يتخلص منه وهاهي امريكا كما زرعته ستقلعه.. ولكن ماذا حدث بعدما خلعت صدام حسين؟.

انتهت الحرب والقوات الامريكية اصدرت قرارات بالقبض على صدام ونجليه.. اختفيا فجأه والشعب مازال خائفا.. فهم لا يصدقون بسهوله انزياح الصنم وصاحب الصنم الذي طالما بقي جاثما على حياة الشعب العراقي المنكوب.

وبينما كنت في جزيرة كريتي اقضي عطلتي الصيفية مع الكساندرا شاهدت على اولى صفحات الجرائد اليومية صور دامية لشخصين مقتولين لم اميز شكلهما بينما السياح كانوا يتطلعون الى الصوره بكل اهتمام.. اردت ان اغادر..

فاوقفتني الكساندرا قائله:

- على رسلك يا رجل الا ترى ما يحصل؟ هذان عدي وقصي نجلي صدام حسين رئيسك..

تفاجأت وصدمت بشكل كبير ورجعت في خطواتي الى الوراء بسرعة لأدقق في الصور من جديد.. يا إلهي لم اصدق ما اراه بحق الله، معقول؟

الحرب على بغداد كان حلما لم اعد اصدقه الى ان تلقيت خبرا من صديقي ان صدام حسين القي القبض عليه وهو ملتح.. وعلى الفور غيرت ملابسي لأقصد مقهى المصري وأشاهد صحة الخبر على الجزيرة وكانت صدمه.

لم اصدق ما اشاهده، نهاية دكتاتور، ولكن هل انتهى الظلم؟ صدام حسين في قبضة الامريكان؟

اتكلم مع نفسي سنة غير مصدق نهاية صدام وأولاده والعراق.. كل من دخل العراق بعد الغزو شارك في كتابة الدستور ولكن الفترة المظلمة ولم يفقه العراقيون بأنهم قد دخلوا عصرا جديدا من القتل كما في عصر هولاكو إلا بعد فوات الأوان.. رؤوس تُنحر وجثث مجهولة الهوية كل يوم.. اضافه الى عراقيين يُحرقون في الشوارع جراء الانفجارات، فبغداد ودعت السلام على يد ابنائها وللأسف لم ندرك إلا

بعدما فقدنا كل شيء..

الكساندرا في تلك الفترات خصوصا كانت لطيفة معي وذات يوم طلبت مني تغيير ديني الى المسيحية ثم بدأت تصر على ذلك الامر.. فرفضت مما أثرت على علاقتنا سلبيا وفكرت حينها بالتوجه الى لندن عام ٢٠٠٥.

ايطاليا ـ المانيا ـ باريس ٢٠٠٥

حان الآن في ان افكر في تغيير البلد.. فمنذ عام ٢٠٠٣ اعيش ترفا غير متوقع ولكن حياتي غير مستقرة.. فكيف تستقر الامور اذا كانت احوال البلد اصلا غير مستقرة.. هاتفت اختي فرحبت هي بفكرة قدومي، ثم اكدت لي ان المبلغ جاهز على شرط أن اختار اسهل وأحسن وسيلة لكي اجيء الى بريطانيا. تشجعت على تنفيذ الفكرة.. فأستقر رأيي على ان اسافر عن طرق المطار.

اخبرني احد اصدقائي ـ اليكس ـ اوكراني الجنسية بان اليونان ستواجه اياما سوداء بعد اولمبياد اثينا، ولن يكون بمقدورنا العمل او العيش فيها. مما شجعني على ان ادرك نفسي قبل ان اخسرها بالضياع مجددا.

المحاولة الاولى فشلت.. أمن المطار لم ينطل عليهم الجواز

الفرنسي المزور.. وتم تسفيري الى سجن المطار وكان اليوم هو الجمعة وعلي ان اتصل بأحد الاصدقاء لكي يتم احضار محام يوم السبت ويفك اسري.. وبعكس ذلك فانا سوف اكون ضيفا لمدة ستة شهور على الاقل في سجن المطار وسأخسر موعد المحكمة. استطعت ان اكلم صديقي ـ شاهين ـ من داخل السجن لكي يساعدني في الخروج بعدما اعارني احد الالبانيين كارت تلفون لأنجز به مكالمتي.. اخرجني الشرطي واتصلت بشاهين احد اصدقائي الذي لم يقصر وعلى الفور وعدني بانه سوف ينقذني من محنتي. في صباح اليوم التالي شاهدت شاهين يحضر مع احد المحاميين فحييته من نافذة الحافلة.

عند المحاكمة كنت محظوظا.. جلسة سريعة استغرقت دقائق من قبل القاضية بالإفراج فورا عني وعن غيري.. وعلي ان اتعهد بعدم اعادة الكرّه والا فسأسجن ٦ شهور.

شكرت شاهين واعدت له ما صرفه من مال ثم بعد ايام اتفقت مع احد المهربين المصريين بأن يساعدني على الخروج عن طريق احدى البواخر الى ايطاليا وبجواز تركي.

كل شيء اصبح جاهزا الان للسفر.. وصلت مرفأ باترا اليونانية ودخلنا الباخرة بسلام واستغرقت الرحلة يومين على ما اذكر.. ولكن المحاولة باءت بالفشل ففي مرفأ ايطاليا تم

إلقاء القبض علي وأعادتني الشرطة الايطالية الى اليونان.

افرجوا عني حوالى الساعة ١٢ ليلا ثم توجهت الى اثينا قاصدا منزل شاهين.. انهكني التعب جدا.. وبعد فترة سمعت بمقدم احد المهربين يحمل معه بطاقات شخصية المانية.. لم اتردد بالاتصال به.. اخبرني بأنه سيصاحبني في الرحلة الى دوسل دولف الالمانية فقط بمبلغ ١٥٠٠ يورو.. لم اتردد في القبول فهذه فرصة لا تعوض.

تم اكمال تزوير البطاقة الخضراء دون ان تترك اي شكوك بالتلاعب وخصوصا الفسفور الذي يعتبر من اهم العلامات التي تدل على سلامة البطاقة.. دخلنا المطار والشخص يوجهني في كل خطوة اخطوها داخل المطار لئلا اثير الشكوك.. نحافظ على المسافة ويتم تلقيني عبر الهاتف احيانا.. حان وقت الاقلاع.. فحصت الموظفه البطاقة راودتها الشكوك.. كنت اتظاهر بعدم الراحة على تأخيرها لسفري وفي نفس الوقت اكتم خوفي فهذه اللحظات هي من ستقرر.. اما السجن او الحرية. وبعد لحظات سمحت الموظفه لي بالمرور. اشتعل وجهي بالابتسامة ومررت بسلام الى الطائرة.

استعمال الهاتف ممنوع وكنت اجهل هذه التعليمات، فأخذت على عاتقي بتصوير الغيوم ولم يرق ذلك للمسافر الذي بجانبي ولكنني سرعان ما اخفيت الهاتف المحمول.

وصلت الطائرة الى صالونيكي - ترانزيت - وبعد لحظات اقلعت الطائرة ساعات لتستقر في اخر مطافها في دوسل دولف.. تخطينا امن المطار بسلام.. توجهنا الى مطعم تركي بعد ان انهكنا الجوع.. كنت تواقا لكي اتناول الشاورمه التركية فأنا لم اذق تلك الوجبات منذ سنين.

بالرغم من كثرة عدد افراد الشرطة ولكننا نجونا بأعجوبة منهم.. كنت اختبئ عنهم بينما كان المهرب مشغولاً بتغيير العملة.. ثم انتهت الجولة لكي استقل القطار في نهاية المطاف الى باريس.. فهمست في اذنه:

- ولأنك كنت كريما معي فكلمة السر هي - القاضي - لكي تستلم مالك من امين المكتب وأشكرك على رجولتك اخ - علي - .

- هل انت متأكد من اطمئنانك الي؟

- نعم وسعيد جدا بمعرفتك. - ثم ودعته فتحرك القطار مغادرا الى بلجيكا ومن ثم الى باريس.

مررت ببروكسل لم تسنح الفرصة بسبب ضيق الوقت بمشاهدة ما يكفي من معالم تلك العاصمة.. ثم بعد ساعات من السفر وصلت باريس عاصمة العطور. ما اذهلني ان البلدان الاوروبية حدودها مفتوحة على بعضها لان لديها

الامان. وبالرغم من انفتاح الحدود على بعضها فإنها تدل على قوة الدول الاوروبية وثقتها بقوتها وعدم خوفها من ذلك عكس الدول العربية فبالرغم من الاجراءات المشددة ألا انها لم تُعتق من الارهاب الذي قلب الامور رأسا على عقب.. والدكتاتوريات بعثرتنا وأصبحنا لا نجد انفسنا في انفسنا.. بل مغتربين مشتتين ضائعين حتى ولو كنا نسكن بلداننا فالأمن فيها كالغريب لا وجود له إلا صدفه. ولكن الغريب غريب الدار والأمان.. فان لم تكن في امان في بلدك فما فائدة الوطن؟

وصلت باريس.. وفي المحطة بمجرد نزولي من القطار وعلى الفور انقضّ علي شخص اسمر من اصول مغربية مع شخص فرنسي كدت على وشك ان اوجه لكمة الى وجه الاخير ولكنه سرعان ما اخرج بطاقة تعريفية توضح انه مخبر مدني.. واتضح انه يفتش فقط عن مواد مخدرة لا غير سوى ذلك. سألني: ـ من اي بلد انا؟ ـ فأجبته: ايران ـ طبعا لغة التفاهم الرئيسية هي الاشارات والشخص المغربي كالصنم جاثم بجانبي يخزرني بنظراته الحقيرة.. واخيرا سمح لي بالمرور.. وعلى الفور بدأت رحلة التفتيش على برج ايفل حتى وجدته بعد عناء. تجولت في شوارع باريس.. وتشبعت عيناي من ازقتها وأبنيتها والمعالم الكلاسيكية.. ومن ثم رجعت الى محطة القطار فالتقيت بشاب مصري وساعدني في شراء بطاقة الى

محافظة ـ كالي ـ لأبحث هناك عن مخرج يقودني الى لندن.

بقيت في كالي اسبوعين وكانت مليئة بمطاردات الشرطه ليلا ونهارا للاجئين الذين كانوا من كل انواع الاوطان.. مرة من المرات القيت بنفسي بين الاحراش الشائكة لاختفي عنهم ومرة في بركة قاذورات ومرات كنا نتهرب منهم ويُلقى القبض علينا ويتم ابعادنا الى مناطق بعيدة من كالي ثم ارجع من دون كلل الى ـ كالي ـ .

في منطقة معينة خالية من الابنية والبشر يتم فتح باب الشاحنة من قبل المهربين اثناء استدارتها من المنعطف متجهة الى المرفأ الفرنسي ـ البريطاني.. وفي خلال اقل من دقائق يجب ان يدفع المهرب خمسة اشخاص داخل الشاحنة قبل ان تستعدل في السير وتزيد سرعتها والا فسيفقد الشخص الفرصة في الهروب.. فجأة باغتتنا كمائن الشرطة وحدث انهم القوا القبض على الكثيرين منا.. استطعت الهرب مع قسم قليل ممن كانوا معي والاختباء في احراش وسط الغابة.. طوقتنا الشرطة بكلابها الشرسة التي قادت الشرطة الى مكان تواجدنا.. فأشرت الى الجميع ان يغطوا انوفهم بالأقمشة ويقللوا من التنفس قدر استطاعتهم او حتى يقطعوه لبضع ثوان. لأنني علمت ان الكلاب تستدل علينا من خلال التنفس وهذه التجربة تأكدت منها حينما نجونا بفضل الخطه التي

اتفقنا عليها.. الشاب الافغاني تردد خائفا.. ولكنني ضغطت وقسوت عليه ان ينفذ الخطه. احاطتنا الكلاب وبدأت تبحث عنا وقد كتمنا ما نستطيع من الانفاس مستخدمين وضع ملابسنا على انوفنا لكي ننجو منها.. كدت اختنق.. كانت الكلاب تقتاد الشرطة بشكل دائري حول الاحراش الطويلة التي كنا نختبئ بينها دون جدوى.. فاكتفى رجال الشرطة بهذا القدر من المشقة وغادروا يائسين.. ـ سلمنا منهم بأعجوبة ـ .. اخرجنا رؤوسنا من الاحراش لنملأ الصدور بجرعات من الهواء النقي.. ثم بعدها لم اتردد في البحث عن افضل شخص في المنطقة ليوصلني الى لندن وبأي ثمن.

التقيت بأحدهم كان حديث العهد بالتهريب واوضح لي بأن هناك وسيلة جيدة لركوب الشاحنة حيث يكون السائق نائما في الكراج لينال قسطا من الراحة قبل ان يتجه الى بريطانيا عبر الميناء الذي يفصلها عن فرنسا. اتفقنا على تنفيذ الخطة وانطلقنا نمشي ساعات حتى وصلنا الى نقاط تواجد السواق قبيل طلوع الفجر بساعة. صعد منا الكثير ولم تبق إلا اعداد قليلة.. اراد المهرب ان يرجع بنا لان خيوط الفجر اعلنت البزوغ وباتت السماء ترفع ستار الظلام لتضيء النهار بنور الشمس.. ولكنني اقنعته بأن يجد لنا علامة على الشاحنة تدل على انها ذاهبة الى بريطانيا.. وافق على الفكرة ثم وجد

شاحنة تحمل المربى تقصد بريطانيا.. صعدنا ثم اغلق الباب علينا.. وماهي الا ساعات حتى تحركت الشاحنة ودخلت الباخرة لتتجه بذلك الى بلد احلامنا بريطانيا.

لندن:

القصه لم تنته بمجرد وصولي، فقد بدأت مع الغربه صفحه جديدة ومن لندن بالتحديد.. ولم يكتب اللجوء لي الراحة بعد.. فبمجرد ان وصلت ازداد علي العبء.. وعلي ان اواجه صعوبة العيش بعد ان رفضت بريطانيا لجوئي وبدأت اعمل في المطاعم لكسب يومي.

بعد سنوات من العناء وصراع قاس مع العيش في لندن حصلت على اقامتي الدائمة بفرصة لم تكن تخطر على البال.. و كان علي ان اقدم على طلب الحصول على الجنسية البريطانية بعد سنة من الاقامة.. وعلي ان احصل على شهادة من احد المعاهد تؤيد بأنني اتكلم الانكليزية وهذه طبعا احد شروط الجنسية البريطانية. وهناك حيث كانت المدرسة الشقراء.. و هي من بدأ معها قصة الحب ـ نسرين ـ والتي من انطلق لأجلها كتابي الأول.. وتتالت كتبي الى ١٤ كتاب كتبتها بحقها وعشقها. تاريخ ميلادها ما زال عالقا في ذهني فلم انس شهر اب من كل سنه حينما يحل.. لكي اهنئ صورتها بالسنة

الجديدة التي تضئ عمرها بها، فهي كالشمس لا تنطفئ نضارتها. وهنا كانت قصتي مع الحياة طوال اكثر من ثماني سنين.. وكم اتذكر من عراقيين ماتوا او قتلوا ولم يصلوا لما كانوا ينشدون.. بعضهم احترقت جثثهم وبعضهم من قضى نحبه غريقا وهناك ملايين القصص لم تذكر بعد.. ولاسيما في ظل ظروف البلد الاخيرة بعد سقوط بغداد.. ولن نتعلم حتى نتعلم.

لا اعلم فلربما كان لهذا الكتاب جزء ثان.

Click to LOOK INSIDE!
نسرين
Nisreen
-In Arabic-
BY: RIYAD AL KADI
AHMAD ALI

Click to LOOK INSIDE!
Kahramana
and invaders
-In Arabic-
Ahmad Ali
Riyadh Kadi

Click to LOOK INSIDE!
Cup reader
-In Arabic-
Ahmad Ali
Riyadh Al kadi

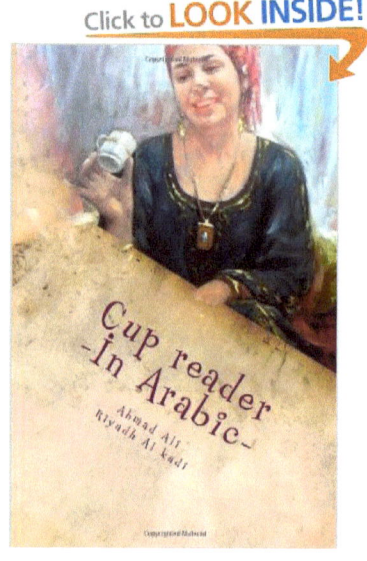

Click to LOOK INSIDE!
Baghdad
- In Arabic -
By: Riyadh AL kadi.
Ahmad Ali

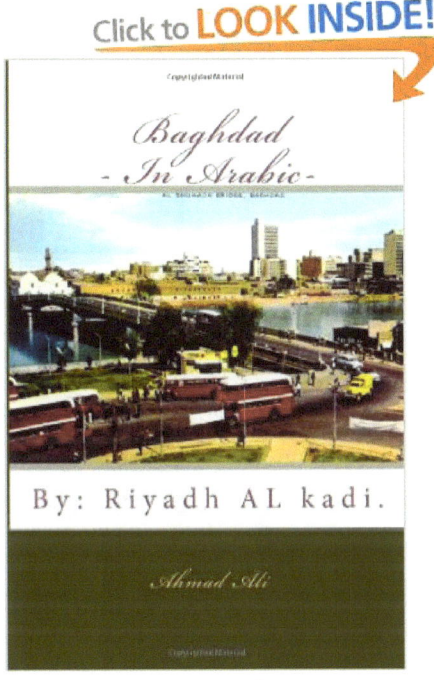

القصة الكاملة لرجل عراقي مغترب.. كتاب سيرته وبعض من مؤلفاته الشعرية تجدونها على أمازون... ـ مدونات رياض القاضي ـ

On amazon now:

I0344010

www.ingramcontent.com/pod-product-compliance
Lightning Source LLC
Chambersburg PA
CBHW041430300426
44114CB00007B/93
* 9 7 8 1 7 8 4 8 1 0 0 4 7 *